SANIDAD EN LAS FINANZAS

BERNARDO STAMATEAS

Vida

DEDICADOS A LA EXCELENCIA

© 2002 EDITORIAL VIDA
Miami, Florida 33166-4665

Edición: *Anna M Sarduy*

Diseño de cubierta: *Pixelium Digital Imaging, Inc*

Diseño interior: *Luis Bravo / Bravo GD, Corp*

ISBN 0-8297-3248-9

Categoría: *Vida cristiana/ Finanzas*

Impreso en Estados Unidos de América
Printed in the United States of America

02 03 04 05 06 07 08 ❖ 07 06 05 04 03 02 01

Contenido

Prólogo

Este pequeño libro tiene como finalidad exponer a todo el pueblo de Dios, de una manera práctica, cómo podemos estar más limpios, más sanos y más dispuestos a recibir libertad financiera y bendición por parte de Dios.

La gran mayoría de los libros sobre «prosperidad», en el mercado cristiano (por no decir todos), se reducen a una discusión teológica sobre las distintas posturas bíblicas sobre este asunto. Otros, dan algunos lineamientos de cómo ser un buen mayordomo y fiel administrador de los recursos que Dios nos ha dado. Muchos de estos libros son de gran bendición, ya sean bíblicos o prácticos. Sin embargo, nosotros no hemos caminado en este sentido, otros lo han hecho y le han impartido a los creyentes lo que Dios le ha dado. Por tal motivo, en este trabajo, no desarrollamos los aspectos «teológicos» sobre las finanzas y la prosperidad (aunque sí damos algunos elementos fundamentales al respecto).

En esta obra explicamos y desarrollamos en forma práctica, cómo ministrar, es decir, cómo realizar *Sanidad en las Finanzas* en forma breve, práctica y eficaz, y de esta forma poder recibir todo lo que Dios siempre nos quiso dar, pero que nosotros no estábamos preparados para recibir (o lo recibimos, pero se diluyó en nuestras manos, debido a nuestros pecados, a la mala administración o al alejamiento de los principios bíblicos). Este modelo de *Sanidad en las Finanzas* (de los cuatro pisos) nos ha venido por revelación de Dios al estudiar su Palabra. Ha sido puesto en práctica por muchos creyentes, viendo resultados sorprendentes y milagrosos que jamás imaginamos. Algunos, abruptamente, luego de la ministración y muchos, al poco tiempo de la misma al cortar las ataduras del pasado, las maldiciones generacionales y poner en práctica los principios bíblicos del tercer piso. Nos consta, lo hemos visto: Dios está más interesado en bendecirnos que nosotros en recibir su bendición.

Hasta donde sabemos, no existe en forma escrita, por lo menos, otra manera práctica, concreta y a la vez rápida de enseñar y de aplicar este modelo (en forma individual), que haya producido estos maravillosos resultados. Toda la gloria es para el Señor.

En la primera parte desarrollaremos algunos conceptos básicos de las distintas posturas respecto al tan vapuleado tema de la «prosperidad», para llegar a transmitir lo que nosotros entendemos por prosperidad y bendición de parte de Dios.

En el primer piso abordamos decenas de ataduras de nuestro pasado que, si no las cortamos, frenan, en el nivel espiritual y de conducta, la obra de Dios en nuestras vidas.

En el segundo piso, nos adentramos en el tema de los espíritus inmundos que vienen por herencia (llámese: miseria, avaricia, destrucción, etc.) y en cómo cortamos estas herencias y maldiciones generacionales.

En el tercer piso, consideramos los aspectos que debemos poner en práctica (los cuatro juntos). Desgraciadamente, en algunos textos cristianos solo se han enfatizado el «dar» y el «diezmar» como si estos bastasen o fuesen todo lo que debemos hacer para que Dios nos bendiga. Nos acordamos recientemente de una hermana en la fe de otra ciudad, que nos llamó por teléfono desesperada.

. Había dado doce mil dólares de ofrenda por un gran negocio que emprendió, y a los cuatro meses perdió todo, y llorando nos preguntaba: «¿Por qué, por qué, si yo ofrendé mucho dinero a Dios... por qué, por qué?». Obviamente, el dar es un aspecto importante, pero es solo un elemento y no todo lo que Dios espera de nosotros.

Por último, damos algunos conceptos básicos para ser buenos administradores, preparándonos para la bendición y libertad que Dios nos dará y haciendo, de antemano, un pacto de fidelidad.

En otros escritos hemos dicho cómo ministra *Sanidad en las Finanzas* en las heridas, la herencia, los pecados y las prácticas ocultas. Vimos más de 10.000 personas de todo el país sanarse en su interior y en su espíritu; fue luego de esto que nació el modelo de los cuatro pisos, es decir, una manera de ministrar específicamente sobre lo financiero, más que sobre lo emocional.

Este modelo, que llamamos, «los cuatro pisos», surgió al entender que Dios no solo deseaba sanarnos, sino también darnos toda dádiva del cielo para bendecirnos y para bendecir a otros.

Deseamos que este escrito cambie tu vida, para que seas bendecido, para ser de bendición, y para que el reino de Dios se extienda hasta lo último de la tierra.

Pastor Bernardo Stamateas

Capítulo 1

Conceptos fundamentales sobre la prosperidad

1. Historia de una búsqueda y origen de los «cuatro pisos».

El objetivo de Dios es bendecir a su pueblo. Un padre desea lo mejor y lo más maravilloso para su hijo, y así mismo Dios desea bendecir y prosperar a su pueblo. Él lo desea porque él es rico.

Por mucho tiempo, creyentes de todas las denominaciones hemos orado a Dios para que nos bendiga, pero hemos visto pocos resultados sobre nosotros.
¿Por qué?, ¿dónde hemos fallado?

Hace unos años le hice una pregunta similar al Señor. Le pregunté: ¿Por qué, si su pueblo pedía la plenitud de su Espíritu, había tantos creyentes inestables, que un día estaban en la cumbre y otro en el pozo? ¿Por qué había tantos creyentes sinceros que buscaban más de Dios pero el poder espiritual parecía desvanecerse poco a poco en ellos». Recibíamos los «avivamientos» como una «visitación» de su Espíritu, pero no podíamos «morar» con su Espíritu: La visitación era algo momentáneo, temporal, no permanente. La respuesta vino una noche que el Señor me dijo:

Tu vida es como una vasija, la lleno de mi Espíritu, pero como tu vasija está rajada, entonces, por allí se sale mi Espíritu. Le pregunté: Pero, Señor, ¿cuáles son esas rajaduras?, ¿cómo se han producido? y él me dijo: Son las heridas, son los pecados sin confesar, son las prácticas ocultistas que practicaste que me desagradan, estas han producido ataduras, rajaduras. Primero debo sanarte para que mi Espíritu permanezca en ti. Oraste bien, por mi Espíritu, pero antes de tiempo. Primero debes pedirme que te sane una por una tus heridas.

Esta fue una parte del origen de Sanidad Interior. Luego de ministrar a miles y miles de creyentes con el equipo de hermanos, vimos el cumplimiento de la palabra profética recibida. Todos son llenos, pero la unción permanece en aquellos que lo desean. El Espíritu no se «pierde», se queda y crece en poder y en amor dentro de nuestras vidas.

Hace tiempo que estamos orando por el famoso tema de la «prosperidad», queríamos saber lo verdadero y lo falso que hay en esto.

Primero hubo que vencer las resistencias que provocaba el tema «prosperidad». Incluso al comentarle a algunos hermanos el interés de conocer algo de Dios en este sentido, estos mostraron su preocupación por los «desbordes» que vieron al respecto.

Asistimos a iglesias y conversamos con hermanos que estaban en la «teología de la prosperidad», una parte de sus conceptos nos impactaba: Un Dios grande que desea bendecir a su pueblo, un Dios que desea quitar la miseria de sus hijos, un Dios que desea darnos para dar en el reino. En fin, algunos de estos conceptos parecían interesantes, pero otros no, como por ejemplo:

Hacerse ricos, traer las llaves de su coche y de su casa y pedir un modelo más nuevo, pasar la ofrenda tres o cuatro veces durante el culto. Pedir una sauna para la casa, relojes de oro y muchas cosas más que no aceptamos.

Tenemos testimonios como este: «Yo era pobre y ahora tengo sauna, y un Mercedes Benz». «Da y pídele a Dios el sesenta por ciento de lo que diste», etc.

Respeto a los hermanos que tienen estas creencias, pero, incluso así la búsqueda continuó.

Una de las cosas que el Espíritu puso en nuestro corazón fue el porqué de tanta miseria; porqué tantos creyentes sin trabajo durante generaciones enteras, porqué la falta de crecimiento financiero en personas sinceras que amaban y diezmaban a Dios. Así comenzó mi oración y mi búsqueda.

¿Qué es lo que necesitamos saber que pasamos por alto?

Un viernes en un retiro espiritual, el Señor dijo que nos revelaría el «secreto de Proverbios», (entre otras cosas y palabras que recibimos ese día) y nosotros dijimos: ¿Proverbios? Este libro está lleno de cosas, lleno de consejos, lleno de secretos.

Una noche, orando en el espíritu del Señor este me dijo:

«Hijo mío, el secreto de Proverbios es el secreto de la libertad financiera».

Allí enseño cómo se debe vivir para que mis bendiciones se derramen sin obstáculos sobre tu vida y la de mi pueblo.

Después de empezar a descubrir todas las cosas maravillosas que tiene este libro, el Señor dijo que debíamos primero cortar las ataduras pasadas de pecados y prácticas administrativas pecaminosas, para darnos más tarde las «condiciones» a cumplir para el crecimiento y la libertad económica.

Antes de desarrollar esto, aclararemos más las tres posibles posturas reinantes sobre el tema de la prosperidad.

Nos gustaría enfatizar que no proponemos con este modelo «hacernos ricos», más bien queremos saber lo que es: Tener libertad económica.

Analicemos ahora un poco más algunos conceptos:

2. Las tres actitudes frente a la prosperidad económica

A. Los que rechazan el tema de la prosperidad: «Dios no promete darnos abundancia económica, sino, solamente suplir nuestras necesidades fundamentales».

Muchas de las personas que le hemos dado ayudado pastoral y muchos hermanos en nuestras iglesias, han tenido grandes dificultades en su crecimiento económico; otros, aunque han visto la mano de Dios y nunca les ha faltado ropa y comida, han vivido sin poder «levantar cabeza». Otros, todavía peor, por generaciones han vivido en miseria y pobreza.

¿Desea Dios que sus hijos vivan así? Esta postura dice: «Hermano, tenga fe, ore y siga adelante». Dios dice que no desea prosperarnos a todos, sino que la pobreza es «parte de la escuela de Dios»; aceptan su condición económica sin preguntarse si hay ataduras generacionales, mala administración o yugos sin romper (por sus pecados financieros viejos) que siguen atando sus finanzas. Si los hay, tal parece que no importa.

En esta postura, se acepta la situación como si viniera de Dios, ya sea buena o mala, sin cuestionarse mucho. Se enfatiza la «fidelidad a Dios como lo más importante». Algunos progresan, otros no, y todo da igual, lo importante es «no buscar la prosperidad»; solo esa palabra produce malestar.

Esta posición es reaccionaria a la teología de la prosperidad o materialismo evangélico. Reacciona acérrimamente, rechazando de forma directa todo lo que tenga que ver con el crecimiento económico.

Creemos que en esta postura se confunde el «ataque» con la «prueba». Sostenemos que la miseria, en la gran mayoría de los casos, es un ataque del diablo, y no debemos agradecer a Dios por las cosas que el diablo nos manda. Las pruebas las pasamos con fe, pero a los ataques del enemigo les hacemos frente y guerreamos.

Por otro lado, creo que esta posición deja a un lado las muchas bendiciones que figuran en la Palabra: la prosperidad, el bien, la libertad, etc.

B. «Dios desea prosperar y enriquecer a todos sus hijos, dándonos abundancia de dinero y cosas materiales».

Esta postura, se dice, que es la de la «verdadera prosperidad» o materialismo evangélico. Según esta manera de pensar, ¡Dios desea hacernos ricos! Dios desea dar abundancia: autos nuevos, casas de lujo y mucho dinero. Dando y dando, y Dios da, dicen aquí: el treinta, el sesenta o el ciento por uno. Da el diezmo y Dios te dará tanto por ciento. Uno puede negociar hasta con Dios.

Muchos hermanos se preparan para vivir en la tierra y no hacen tesoros en los cielos. El dinero es casi su único tema de predicación y de conferencias. Muchos hermanos se han vuelto monotemáticos y solo buscan alguien que le hable de «cómo prosperar». Los excesos en este aspecto son muchos, como los excesos de la postura anterior (donde parece que Dios solo nos va a bendecir en el cielo y aquí en la tierra que cada uno se las arregle como pueda).

Se sostiene también en esta posición lo siguiente: «Declárelo, visualícelo y Dios se lo dará»; algo así como una declaración de fe que hace que Dios esté obligado a darnos y a bendecirnos. El problema radica en que no se enseña a declarar solamente la Palabra de Dios, sino a declarar con fe nuestros deseos personales como si fuesen Palabra de Dios y creer que él está obligado a dárnoslo.

No estamos de acuerdo con esta interpretación. Creemos que Dios desea bendecirnos, pero hay condiciones que cumplir, y hay yugos que romper. Por otra parte, esto no representa *toda* la vida cristiana; amamos a Dios, por eso buscamos su rostro, no solamente sus manos.

Creo que uno de los errores más sobresalientes, es que se

13

ha propuesto de manera obsesiva, el tema de la prosperidad, como el único en el culto y fuera de él.

Sin percibirlo, el progreso económico terminó siendo el único asunto a tratar.

Se ha tomado el caso de algunos pocos millonarios y se ha hecho la regla para todos: Dios desea que seas millonario y que tengas más. Dios desea que tengas una casa en Punta del Este y, por qué no, tu viajecito a Europa cada año. No creo que esta sea la regla para todos, ni que debamos buscar esto. Observemos en cambio la postura siguiente.

C. «Dios desea que su pueblo crezca *libre* en todos los aspectos y esferas de la vida cristiana, que progrese en abundancia y sea buen administrador de todos los bienes y bendiciones dadas por él».

Esta es la posición que sostenemos en el presente trabajo. Las dos posturas anteriores tienen algo de verdad y algo de mentira.

Creemos que muchos hermanos no pueden «salir adelante» incluso después de mucha oración y «esfuerzo», hasta que aceptan pasivamente que su condición no es más que «la voluntad de Dios». Estamos convencidos de que Dios desea darnos más y hacernos mejores *administradores* de lo que nos da para que demos más, invirtamos mejor en su reino y vivamos mejor. Las palabras clave creo que son:

«Disfrutar» e «invertir», las dos actitudes deben ir juntas siempre. Muchos, solo disfrutan y han terminado en la avaricia; otros, solo dan y no pueden gozar de la vida que Dios da.

Creemos que lo que Dios desea no es enriquecernos a todos, sino que todos seamos libres de toda atadura financiera (y eso va más allá de tener dinero o no).

Hemos visto hermanos con mucho dinero y *atados*, encadenados a malas administraciones. Hemos visto hermanos millonarios hablar solo del dinero y del dinero y del dinero.

Hemos visto hermanos prosperar pero no ser libres.

Lo que sostenemos es que Dios no desea prosperarnos (entendiendo por prosperarnos darnos más bienes materiales y punto) sino enseñarnos, y que vivamos en libertad (sea con mucho o con poco). El apóstol Pablo es un ejemplo de esto; él dice en Filipenses 4:11-13:

> «No digo esto porque esté necesitado, pues he aprendido a estar satisfecho en cualquier situación en que me encuentre. Sé lo que es vivir en la pobreza, y lo que es vivir en la abundancia. He aprendido a vivir en todas y cada una de las circunstancias, tanto a quedar saciado como a pasar hambre, a tener de sobra como a sufrir escasez. Todo lo puedo en Cristo que me fortalece».

Aquí vemos al apóstol declarar que no tiene escasez, porque él (teniendo dinero o no) era libre, y ¡esto sí que es «prosperidad»! No creemos que Dios desea que todos tengan un Mercedes Benz. Dios quiere que sus hijos vivan bien: «Así tus graneros se llenarán a reventar y tus bodegas rebosarán de vino nuevo».

Es decir, la prosperidad (que voy a usar como sinónimo de libertad) que Dios desea darnos involucra todos los órdenes de la vida: el económico, el espiritual, el social, el familiar, etc. Por esto el pueblo de Dios en el Antiguo Testamento fue bendecido no solo con lo material, sino que toda infertilidad era cortada, las maldiciones sobre su tierra eran anuladas y toda su vida estaba más cerca de Dios.

Prosperidad no significa que «tendremos todo lo que queramos». Prosperidad es más que tener dinero, significa caminar debajo de cielos abiertos. Es caminar con el corazón lleno de las riquezas en Cristo Jesús con total libertad de cualquier atadura. En 1 Timoteo 6:6 dice: «Es cierto que con la verdadera religión se obtienen grandes ganancias, pero sólo si uno está satisfecho con lo que tiene».

Dios nos da «toda buena dádiva» (Santiago 1:17) y eso significa más que lo material. Él es el que «día tras día sobrelleva nuestras cargas» (Salmo 68.19).

Nos sostiene con la mano derecha (Salmo 73.23). Esta bendición se entiende ampliamente en Proverbios 10:22 donde dice: «La bendición del Señor trae riquezas, y nada se gana con preocuparse».

La Biblia nos ofrece ejemplos de hombres ricos como Abram (Génesis 13:2), Isaac (Génesis 26:12,13), Jacob (Génesis 30:43), Salomón (1 Reyes 3:12,13), (Job 1), etc.

Sin embargo, también nos habla de gente que vivió en escasez, en pobreza y en martirio; lo único en común era que ambos eran prósperos porque fueron *libres* delante de Dios.

Como decía Hellen Séller: «Las mejores cosas no se ven con los sentidos, sino que se sienten con el corazón». No todos los siervos de Dios fueron «ricos», pero todos fueron prosperados. A ninguno le faltó nada y todos vieron la mano de Dios sobre sus vidas.

3. Principios de economía bíblica

Alguien dijo una vez firmemente:

«Si quieres ser feliz, nunca trabajes con familiares o creyentes; o no te pagan o te engañan. Te hacen trabajar como un esclavo por dos pesos. Tampoco les prestes dinero, porque cuando hay dinero por medio, se acabó la fe y el parentesco».

Lo más triste de esta afirmación es que en muchos casos, es verdad. A muchos creyentes se les acaba la fe cuando ven el dinero. Otros, son tan malos administradores que su pecado afecta a quienes les rodean. Esta no es la voluntad de Dios, ya es hora de que mostremos al mundo que Dios nos bendice y que seguimos siendo fieles a su Palabra. Que lo más importante no es el dinero, sino agradarle a él en todo.

Para recibir prosperidad de parte de Dios, debemos recordar algunos principios del reino.

• Ya es hora de que los cristianos tengamos claro que nuestras finanzas y prosperidad no dependen del país donde vivimos, ni de nuestro jefe, ni de si hay o no trabajo, sino que dependen de Dios.

• En 1 Crónicas 29:11 dice: «Tuyos son, SEÑOR, la grandeza y el poder, la gloria, la victoria y la majestad. Tuyo es todo cuanto hay en el cielo y en la tierra. Tuyo también es el reino, y tú estás por encima de todo».

• Que los creyentes tengan «recursos económicos» no quiere decir que esto sea un «status», ni sea símbolo de «poder».

• El dinero y las riquezas no son los bienes más importante en la vida.

• Con la abundancia dada por Dios, podemos demostrarle al mundo que es posible amar a Dios y disfrutar de los recursos que él da.

• Somos buenos administradores; el dinero no ha roto nuestra escala de valores ni nuestro servicio a Dios.

• No buscamos «tener dinero» ni «hacer negocios con Dios», sino recibir la abundancia y la libertad que él ha prometido, y glorificar a Dios con nuestra buena administración.

• Declaramos que el «botín de Egipto» es nuestro.

• Con los bienes que Dios nos da siempre hacemos dos cosas: disfrutarlos e invertirlos en el reino. Si solo los disfrutamos, nos tornamos egoístas. Si solo damos, no estamos aceptando el bienestar que Dios nos ha dado.

• Glorificamos a Dios, cualquiera que sea nuestra condición (riqueza o pobreza).

• No maldecimos a nuestro país, o al Ministro de Economía de turno.

• Creemos que los bienes materiales son un medio para reinvertir en el reino, y no un fin en sí mismo.

• Sostenemos un pacto de fidelidad a Dios, y santidad y unción de su Espíritu sobre nosotros.

LA PROSPERIDAD

La palabra prosperidad despierta muchas ideas; para algunos significa dinero en abundancia, para otros, tener dinero para hacer lo que uno quiere. Sin embargo, no debemos limitar este término al aspecto económico. Dios desea que seamos ricos en amor, en vida familiar, en su Espíritu, en materia, en libertad...

La relación que tenemos con el dinero demuestra nuestra forma de amar, específicamente estamos hablando de nuestros afectos. Muchos de los libros escritos sobre el tema de «prosperidad», «mayordomía», «administración» no tratan este sentido oculto del dinero. Enseñan a «administrarlo mejor» y dan «ciertos principios bíblicos para manejarlo», pero al cabo de un tiempo los conflictos afectivos ocultos vuelven a salir y la persona vuelve a ser el «gastador compulsivo» o «el deudor adicto» a pesar de que aprendió a hacer un «presupuesto razonable», de forma inconsciente buscará «trampear» estos principios porque su conflicto afectivo buscará salir nuevamente.

Es decir que estas «técnicas» de manejo financiero son soluciones temporales cuando no se cortan las ataduras afectivas que subyacen al conflicto financiero.

Por esto, las peleas por el dinero la mayoría de las veces, no son por «dinero», sino por afectos, «maneras» en que solemos manejar los afectos. Las discusiones por el dinero, en muchas parejas, son válvulas de escape emocional a tensiones internas que, de no ser «cortadas», seguirán vigentes en la vida de la persona. Al carecer de recursos para tratar o enfrentar los distintos conflictos, estos salen traducidos en «peleas por dinero». Nuestra experiencia nos dice que muy pocas veces se discute por dinero, en su gran mayoría los motivos reales son otros.

Un examen para ver como está tu relación con el dinero, toda pregunta que conteste con un «Sí» indica que hay algo que Dios debe sanar, una atadura afectiva que hay que cortar:

- **¿Estás siempre endeudado?**
- **¿Rescatas a los que están muy mal económicamente?**
- **¿Gastas dinero cuando estás deprimido?**
- **¿Te angustias al comprar algo para ti?**
- **¿Utilizas el dinero para dominar?**
- **¿Insistes en invitar a tus amigos y pagar siempre la cuenta?**
- **¿Sueñas con un negocio salvador?**

4. El impacto emocional y espiritual del dinero

Muchas personas están dominadas por el dinero; otras, por la pobreza y otras, peor aún por la miseria (tengan o no dinero).

El dinero sí que da que hablar. Puede destruir familias enteras, amistades, iglesias, trabajos...

Los alquimistas buscaron desesperadamente transformar cualquier metal barato en oro, algunos ingenuamente creían que si el oro se podía encontrar fácilmente el mundo sería rico y esto cortaría la avaricia, el crimen y la corrupción. Pensaban que la abundancia de dinero quitaría la naturaleza pecaminosa del hombre. La alquimia fue una mezcla de magia, ciencia y religión; los tres juntos fracasaron aun cuando hubiesen descubierto su sueño.

Cuando uno compra el diario, ve además de otras secciones, qué está pasando con el dinero, los aumentos y rebajas del mercado.

Cuando la ex Jackie Kennedy se casó con Aristóteles Onasis, en su contrato de matrimonio decía que ella recibiría diez mil millones de dólares por cada año de matrimonio en caso de que él la abandonara, y una suma de dieciocho mil millones si ella lo abandonaba a él, y veinticinco mil dólares por mes para expensas y gastos mientras estuvieran casados.

En los paseos los amigos hablan de los costos, aumentos y dificultades económicas que atraviesa el país.

En la revista de espectáculos ya hemos sido saqueados por las noticias que nos comentan en cuánto a la cantidad de gastos del jugador de fútbol Caniggia y su esposa. Ella, Mariana Nannis, nos muestra sus enormes gastos de miles de dólares por cada fin de semana, sus viajes por el mundo para comer determinada comida, llevar a los hijos a pasear, sus lujosos vestidos de miles de dólares.

Profundicemos un poquito

Hablar de todo lo mencionado arriba no provoca inconvenientes, pero cuando uno le pregunta a una persona allegada, cuanto gastó por una casa o por determinado artefacto, esta pregunta es vista como una pregunta violenta porque, la gente se pone a la defensiva y hasta agresiva cuando se meten en su «intimidad», como por ejemplo, cuando se le pregunta cuántos son sus ahorros.

Hoy hablamos de relaciones sexuales, de la muerte, la violencia, del más allá, de muchos temas, pero, el dinero sigue siendo un tema tabú. Esto fue señalado por sicólogos como James Knigh, profesor de siquiatría cuando dijo que los pacientes hablan de sus odios hacia sus padres, perversiones sexuales, pero poco de sus negocios o de su situación económica, al hacerlo padecen resistencias emocionales de las más fuertes.

El diablo, vivo y activo, ha dominado y sembrado, en la vida de muchos hijos de Dios (y no hablemos, mejor, de cómo ha influido en quienes no lo son), sus principios perversos creando mala administración económica en miles de creyentes.

Esto ha causado que muchos vivan preocupados por su trabajo y por el dinero.

Para otros, es un tema tabú: no dicen cuánto ganan, ni cómo lo administran. Casi podemos decir que la personalidad de alguien se revela de acuerdo con la forma de administrar el dinero.

Para muchos, el dinero marca su autoestima: mientras más dinero tienen, mejor se sienten; mientras menos dinero, se sienten menos como personas: «Valgo por lo que tengo». Para otros, el dinero es símbolo de poder: «Tengo dinero = tengo el poder, soy más».

El amor al dinero ha traído mucho espíritu de miseria, envidia, infartos, úlceras, ansiedad aguda crónica, vivir para el trabajo, olvidarse de Dios, dejar el ministerio, etc.

Otros, lo único que hacen es ahorrar; han caído en una avaricia histórica en sus vidas; amasan y aman un dinero que nunca disfrutan. Otros, lo despilfarran porque no pueden sentir que es bendición de Dios; sus culpas inconscientes les hacen actuar así.

A otros, su codicia les hace ver dinero por todos lados; se asocian a gente de dinero y todo es un negocio (hasta el evangelio).

Es interesante ver que no hemos progresado porque tenemos ataduras de nuestra mala administración; muchos creyentes creyeron que con «diezmar» ya estaba todo listo, pero no es así.

Ahora bien, lo que nos interesa analizar en este trabajo es porqué muchos no logran la estabilidad en sus finanzas, porqué muchos no progresan, porqué muchos andan de trabajo en trabajo...

¿Cómo ser libres para crecer?, ¿cómo ser mejores administradores sin que el dinero nos obsesione y sea el único tema de nuestra vida cristiana?, ¿cómo tener libertad económica?

Para ponernos un buen zapato que nos quede bien al pie, primero, debemos sacar el viejo, el que aprieta, el que no sirve; luego, lavar los pies y recién, entonces, ponernos el nuevo. Consideremos el modelo para la libertad financiera.

Esto nos es un modelo mágico; no es para que la persona ministrada salga de la oficina y encuentre miles de dólares en la calle; ni es para que, al salir de la ministración, cómodamente lo llamen a su casa para ofrecerle trabajo; tampoco es para tener lujos en la casa. Es un modelo para cortar las ataduras, romper los yugos, aprender a administrar bíblicamente las finanzas y dejar que la semilla plantada por Dios dé su fruto abundante.

En estas ministraciones vamos a levantar la historia de la persona para romper toda atadura formada tanto en el pasado como en el presente del desarrollo histórico de las finanzas de la persona. Dichas ministraciones terminan con un «pacto» de conducta que tiene que ver con su fruto. No hay nada mágico aquí. Solamente vamos subiendo los pisos desde su pasado y su presente, hasta llegar a su futuro limpiándolo de todo pecado no confesado, toda ligadura generacional y todo hábito administrativo actual equivocado.

TIPOS DE CONFLICTOS

El dinero saca de nosotros lo que tenemos adentro; lo bueno y lo malo: pastores que roban, la mujer que se casó con él por su dinero, gente que falsifica dinero, creyentes que roban en sus trabajos, apostadores compulsivos que gastan hasta ir a la cárcel. Ahorrativos compulsivos que caminan hasta cien cuadras para ahorrarse cincuenta centavos. Derrochadores que les quema el dinero y no pueden tenerlo en su bolsillo, buscadores de la «plata fácil» que esperan el negocio salvador.

Todos los robos que vemos en la televisión y leemos en los diarios y los que nos suceden ¡¡a nosotros!! Se deben a gente que quiere dinero, estafadores, ladrones, asesinos...

Ricos compulsivos como el playboy Howard Hughes, que tuvo más de mil millones de dólares en su vida, gastando mil por hora, por cada día, las veinticuatro horas y los trescientos sesenta y cinco días del año, necesitaría más de cien años para desprenderse de mil millones... dice su biografía que a medida que pasaron los años se volvió mujeriego, después, se convirtió en un introvertido tal que se fue apartando más y más de la gente para evitar los gérmenes y la contaminación.

Cuántas parejas tienen conflictos por el uso del dinero: ella pide para recibir unas monedas y él se queja de que ella lo único que hace es gastar. No importa la compra que ella haga, para él siempre gasta demasiado.

Pocas parejas se detienen para saber qué es lo que significa el dinero para su cónyuge: para él seguridad, para ella una diversión. Para él un tema tabú, mientras que para ella una manera de sentirse «a la moda» con el mundo, así podríamos seguir con los significados: poder, seguridad, status, libertad.

Ya hemos dicho acerca de la relación existente entre el dinero y los afectos, en especial, el amor.

Las primeras monedas de la humanidad mostraban la imagen del rey que las emitía, se transformaron más en un talismán que en una forma de comercio.

El rey era poderoso, el que tenía su imagen también; podían lustrarle los zapatos, darle comida, el buen vino y tener las mujeres, es decir, tenía poder como rey.

La magia del dinero puede hacer que con un billete haya gente comiendo con nosotros en un buen restaurante. Cuanto más dinero más seguridad sienten, cuando a mitad del mes se quedan con poco, inmediatamente cambia su estado emocional.

Alfred Nobel, el inventor de la dinamita, ganó fortunas por su invento, uno de los más ricos del mundo de su momento, parte de ella la guardó para entregarla a los que hiciesen un «aporte de bien a la humanidad». Esos explosivos que inventó fueron los que mataron a su hermano, contribuyeron a la apoplejía de su padre y se utilizaron para la guerra y no para la paz.

Capítulo 2

Cómo cortar las ataduras del pasado y del presente

(primer piso)

1. Los cuatro pisos

Primer piso: Guiamos para cortar las ligaduras y yugos, y renunciar a todo pecado financiero. Vemos qué puertas abrió para la esclavitud financiera, le hacemos renunciar y cortar toda atadura espiritual, en cuanto a las prácticas pasadas y su vida presente.

Segundo piso: El pasado generacional
Miramos las maldiciones recibidas por los padres sobre lo económico, las puertas que ellos abrieron, la herencia de hábitos financieros pecaminosos, y los espíritus inmundos transmitidos por estas prácticas.

Tercer piso: Las llaves que abren las puertas de los cielos
Aquí vemos qué cosas se deben hacer para abrir las puertas de los cielos (según las pautas puestas por Dios sobre nuestro presente económico, condiciones fundamentales para la libertad económica).

Cuarto piso: Un pacto de fidelidad a Dios
Un pacto de fidelidad a Dios y de una buena administración hasta el fin de su vida.

Tenemos entonces:
- Las ataduras del pasado o del presente
- La herencia y las maldiciones
- Las llaves que abren las puertas de los cielos
- El pacto de fidelidad

Hay muchos textos que fundamentan cada uno de los puntos anteriores; nosotros seguiremos principalmente, el libro de Proverbios.

Antes de comenzar con la historia en sí, le preguntamos por su problema actual, si la miseria, pobreza o falta de trabajo viene:

Desde siempre: « Siempre tuve problemas con el dinero», «nunca pude levantar cabeza», «toda mi vida trabajé pero nunca pude ahorrar un peso», «siempre estuve en el límite», etc.

Repentinamente: «Estábamos más o menos bien y, por un mal negocio, perdimos todos», «estábamos muy bien, pero falleció mi papá y nos vinimos abajo», «estábamos estables pero otro negocio nos liquidó», etc.

Cíclicamente: «A veces estoy muy bien, pero por temporadas no tenemos ni un peso», «a veces mal, por temporadas».

Por estar bien pero desear estar mejor: «Sí, tengo trabajo; estoy y siempre estuve estable, pero yo sé que Dios tiene más bendiciones para mi vida».

Oración: Pedir al Espíritu Santo que traiga todo recuerdo y todo salga a la luz. Pedir por la absoluta sinceridad en lo que se nos ministre.

2. Cómo cortar treinta ataduras económicas del pasado o del presente

Veamos si ha cometido algunos de estos pecados, tanto en su pasado, como en su presente. A medida que nos va contestando vamos anotando en una hoja, para luego poder orar específicamente y poder cortar toda atadura de los pecados confesados. Al final del libro hemos hecho un bosquejo guía de la entrevista que hemos utilizado con éxito. Dada la claridad de algunos puntos planteados por la Biblia, los nombraremos con alguna que otra aclaración, pero sí nos detendremos en fijar conceptos sobre la administración, ya que hemos visto que muchos cristianos pasan por alto sus principios básicos.

SOBRE EL DINERO, preguntamos por:

1. COBRAR DE MÁS EN LOS NEGOCIOS

¿Has cobrado o vendido de más en tu negocio, alquiler, venta, etc., alguna vez?
Proverbios 20:10,23 dice:

> «Pesa falsa y medida falsa ambas cosas son abominación a Jehová ... Abominación a Jehová son las pesas falsas, y la balanza falsa no es buena».

Debemos ser justos y honestos en nuestros negocios, de no hacerlo, hacemos ataduras sobre nosotros.
Proverbios 10:2 dice:

> «Los tesoros de maldad no serán de provecho; más la justicia libra de muerte».

En Proverbios 11:1 dice que el peso falso es abominación a Jehová y que estas riquezas no se aprovecharán (v.4).
En Proverbios 16:11 se señala que los pesos justos vienen de Dios.
Es una invitación a la honradez, la cual nos libra de muchos

males. Muchas ataduras de nuestras finanzas se deben a que no hemos sido honrados en nuestros negocios, hemos robado cobrando lo que no debíamos cobrar.

Ya en Levítico 19:35,36 esto aparece señalado:

> «No hagáis injusticia en juicio, en medida de tierra, en peso ni en otra medida. Balanzas justas, pesas justas y medida justas tendréis. Yo Jehová vuestro Dios, que os saqué de la tierra de Egipto».

En el contexto del pasaje se habla de ser honestos con los extranjeros, de ser un comerciante justo.

2. ADQUITIR DINERO CON MENTIRA

Proverbios 21:6 dice:

> «Amontonar tesoros con lengua mentirosa es aliento fugaz de aquellos que buscan la muerte».

Directamente señala la relación entre pecado y muerte, entre mentira y muerte. El dinero obtenido con mentira tiene vida corta aquí y lazos de muerte duraderos. Nuevamente deseamos remarcar que prosperidad no es «tener mucho», sino, «ser libre». El profeta Hageo le dijo al pueblo que tenían mucho pero no era nada, porque sus caminos no agradaban a Dios. (Hageo 1:6,7).

3. REALIZAR INVERSIONES SECUNDARIAS O INNECESARIAS

Comprar cosas de lujo o secundarias cuando no tenemos dinero para las primarias; ir de vacaciones cuando se debe dinero; comprar ropa cuando no hay dinero para lo prioritario; invertir en negocios monumentales corriendo altos riesgos, etc.

En Proverbios 21:17 dice:
«Hombre necesitado será el que ama el
deleite, y el que ama el vino y los ungüentos no
enriquecerá».

En un pasaje más duro, el profeta Amós condena estas actitudes (Amós 6:4-6). Proverbios 31:13 dice que la mujer sabia
busca lo mejor y lo compra.
«Busca lana y lino, y con voluntad trabaja sus
manos».

4. ADQUIRIR DINERO POR ROBO

Son los que se conocen como los «ladrones del amor». Así
como la persona que va dando obsequios por todos lados,
está queriendo comprar un poco de amor, o la persona que
acude a una prostituta por tener relaciones sexuales (léase
amor en realidad) así hay gente que se siente en condiciones
de robarlo. Aunque hay muchas motivaciones para robar; por
necesidad, por venganza, etc., hay gente que roba determina-
das cosas que simbolizan en última instancia el amor que no
ha tenido.

A los padres, a los hermanos, a los creyentes; robo de dinero en su trabajo, etc. Proverbios 4:17-18 dice:
«Porque comen pan de maldad, y beben
vino de robos; mas la senda de los justos es
como la luz de la aurora que va en aumento
hasta que el día es perfecto».

Proverbios 19:26:
«El que roba a su padre y ahuyenta su
madre, es hijo que causa vergüenza y acarrea
oprobio».

Véase también: Efesios 4:28; Levítico 19:13 y Proverbios
28:3.

5. SALIR DE FIADOR

Al que le prestamos dinero es nuestro mejor amigo, pero, al no pagarnos lo que le prestamos, se convierte en nuestro peor enemigo y dice cosas tremendas de nosotros.

El libro de Proverbios, nuevamente, vuelve a aconsejarnos no servir de fiador, y, menos, por cosas secundarias que la persona pueda desear.

Hay ciertos peligros que se señalan. Cuando es fiador por un amigo o extraño se convierte en esclavo del acreedor. En aquel entonces, los tratos se cerraban estrechando la mano, y, de esa manera, el fiador quedaba preso en su juramento. Proverbios 6:1-5 dice:

> «Hijo mío, si salieres fiador por tu amigo, si has empeñado tu palabra a un extraño, te has enlazado con las palabras de tu boca, y has quedado preso con los dichos de tus labios. Haz esto ahora, hijo mío, y líbrate, ya que has caído en la mano de tu prójimo; ve, humíllate, y asegúrate de tu amigo. No des sueño a tus ojos, ni a tus párpados adormecimiento; escápate como gacela de la mano del cazador, y como ave de la mano del que arma lazos».

Proverbios 11:15

> «Con ansiedad será afligido el que sale por fiador de un extraño; mas el que aborrece las fianzas vivirá seguro».

Proverbios 17:18

> «El hombre falto de entendimiento presta fianzas, y sale por fiador en presencia de su amigo».

Proverbios 20:16
>«Quítale su ropa al que salió por fiador del
>extraño, y toma prenda del que sale fiador por
>los extraños».

A los que salían fiadores, en aquel entonces, se les podía
quitar alguna prenda como garantía (Deuteronomio 10:13).

Otros pasajes al respecto son
Proverbios 22:26,27 y 27:13. Hemos visto creyentes entrar
en la miseria por haber salido de garantes o fiadores de personas que parecían «buenos creyentes», pero que terminaron
haciendo lo mismo que siempre hicieron: «perder el dinero
por ser malos administradores». Si es inevitable salir de garan-
te de alguien debemos hacerlo con papeles, y estar seguros
de que esa persona, a la cual fiamos, es un buen administrador, tanto en el pasado como en el presente; si no, debemos
seguir, literalmente, el pasaje de Proverbios.

6. DAR O ACEPTAR COIMAS

Proverbios 15:27 dice:
>«Alborota su casa el codicioso; mas el que
>aborrece el soborno vivirá».

Proverbios 17:8
>«Piedra preciosa es el soborno para el que lo
>practica; adondequiera que se vuelve halla
>prosperidad».

La Biblia condena el soborno. Véase también, Éxodo 23.8;
Deuteronomio 10:17;16.9; Isaías 1:23; 5:23; Salmo 26:10.
Con claridad, se condena la «dádiva en secreto» (Proverbios
21:14).

Entonces tenemos:
- Cobrar de más
- Adquirir dinero con mentira

- Realizar inversiones secundarias EL DINERO EN SÍ
- Adquirir dinero por robo
- Salir como fiador
- Dar o aceptar coimas

ATADURAS CON RESPECTO AL TRABAJO,
preguntamos por:

7. MANIFESTAR VAGANCIA O INCUMPLIMIENTO EN EL TRABAJO
(sea en el pasado o en el presente).

Llegar tarde, no trabajar al máximo en la jornada de trabajo, tener poca preocupación por la situación, dormir en horas de trabajo. Mucha gente no avanza en su vida económica porque no ama el trabajo; quiere que, cómodamente, llegue la «prosperidad» sin tener que pagar el precio (cuidar su trabajo, trabajar con excelencia y responsabilidad, etc.).

Proverbios 27:23-24 dice:
«Sé diligente en conocer el estado de tus ovejas, y mira con cuidado por tus rebaños; porque las riquezas no duran para siempre».

Aquí se nos exhorta a conservar con interés nuestro trabajo: Cuidarlo, valorarlo.
Por otro lado, Proverbios 31:16-18 dice:
«Considera la heredad, y la compra, y planta viña del fruto de sus manos. Ciñe con fuerza sus lomos, y esfuerza sus brazos. Ve que van bien sus negocios; su lámpara no se apaga de noche».

La mujer cumplidora dice que «considera»; esto implica una actividad intelectual: alguien, que piensa bien, que hace los cálculos necesarios, que está involucrado en su trabajo.
Véase también: Tito 2:9,10 y Efesios 6:5-8.

Algunos creen, equivocadamente, que el trabajo es «una maldición» dada por Dios a Adán; nada más falso. Luego de ponerlo en el huerto, Dios le dio a Adán la tarea de ponerse a trabajo; ¡fue el primer jardinero! Dios le dijo que labrase y cuidase el huerto (Génesis 2:15); lo que vino después de la caída no fue la maldición del trabajo: solo que los frutos de ese trabajo no iban a ser productivos, sino que serían obtenidos con dificultad (Génesis 3:17-19). Se agregaron, al fruto, los espinos y cardos (con los cuales luchamos hasta el día de hoy). La tierra quedó bajo maldición por pasar a ser dominio del enemigo, un día aun la misma tierra será restaurada por nuestro Señor. Nuestro trabajo honra al Señor, él nos ha puesto allí; debemos cuidarlo y trabajar como «para el Señor».

Hemos visto a muchos creyentes ser ministrados según este modelo, pero, «en el fondo», siguen siendo incumplidores en su trabajo, «cómodos», y peor aun, «vagos» no les gusta trabajar o no quieren pagar el precio de la «transpiración» del trabajo. Creo que este es un punto muy importante para puntualizar: desde «la pereza» hasta la holgazanería, la «quietud», el ser dormilón, el tener amigos perezosos, etc.; todo esto nos ata y es pecado a los ojos de Dios. Resulta interesante el hecho de que, en este punto, Proverbios tiene mucho que decir.

Veamos Proverbios 6:6-11:

> «Ve a la hormiga, oh perezoso, mira sus caminos y sé sabio; la cual no teniendo capitán, ni gobernador, ni señor prepara en el verano su comida, y recoge en el tiempo de la siega su mantenimiento.
>
> Perezoso, ¿hasta cuándo has de dormir? ¿Cuándo te levantarás de tu sueño? Un poco de sueño, un poco de dormitar, y cruzar por un poco las manos para reposo; así vendrá tu necesidad como caminante, y tu pobreza como hombre armado».

Proverbios 10:4,5

«La mano negligente empobrece, mas la mano de los diligentes enriquece.

El que recoge en el verano es hombre entendido; el que duerme en el tiempo de la siega es hijo que avergüenza».

Proverbios 12:11,27

«El que labra su tierra se saciará de pan; mas el que sigue a los vagabundos es falto de entendimiento».

«El indolente ni aun asará lo que ha cazado; pero haber precioso del hombre es la diligencia».

Proverbios 13:4,11,23

«El alma del perezoso desea y nada alcanza, mas el alma de los diligentes será prosperada».

«Las riquezas de vanidad disminuirán; pero el que recoge con mano laboriosa las aumente».

«En el barbecho de los pobres hay mucho pan; mas se pierde por falta de juicio».

Proverbios 19:15,24

«La pereza hace caer en profundo sueño y el alma negligente padecerá hambre».

«El perezoso mete la mano en el plato, y ni aun a su boca la llevará».

Proverbios 20:4,13

«El perezoso no ara a causa del invierno, pedirá, pues, en la siega y no hallará».

«No ames el sueño para que no te empobrezcas. Abre tus ojos y te saciarás de pan».

Proverbios 24:10,30-34

«Si fueres flojo en el día de trabajo, tu fuerza será reducida».

«Pasé junto al campo del hombre perezoso, y junto a la viña del hombre falto de entendimiento; y he aquí por todos ella habían crecido los espinos, ortigas habían ya cubierto su faz. Y su cerca de piedra estaba ya destruida».

«Miré y lo puse en mi corazón; lo vi, y tomé mi consejo. Un poco de sueño, cabeceando otro poco, poniendo mano sobre mano otro poco para dormir, así vendrá como caminante tu necesidad y tu pobreza como hombre armado».

8. TOMAR DECISIONES SOLO O NO BUSCAR CONSEJOS PARA LOS NEGOCIOS

En Proverbios 13:18 dice:

«Pobreza y vergüenza tendrá el que menosprecia el consejo; mas el que guarda la corrección recibirá honra».

En todo este capítulo, Proverbios habla de la importancia de saber escuchar el consejo, de que allí se encuentran «salidas» para la bendición (vv. 1,13).

Muchas personas se lanzan «solas» sin buscar el consejo de los más experimentados, sin consultar, sin ponerlo en oración, sin buscar el consejo de Dios. ¡Cuántos negocios habríamos dejado de hacer si hubiésemos consultado antes a Dios! Hay prosperidad para los que saben oír el consejo.

Los padres que ocultan el tema del dinero a sus hijos bajo excusas como: «Son muy chicos para que comprendan», «no entienden nada acerca del dinero», o el famoso anónimo universal «cuando sean grandes». Y qué diremos de las esposas que no tienen la menor idea de cuánto ganan sus esposos y estos que ni siquiera quieren decirles la verdad.

Cuántas mujeres han ministrado que sus esposos murieron y ellas en ese momento tuvieron que aprender todo sobre la «fábrica», lo cual desconocían, sobre el trabajo que ni siquiera sabían en qué consistía y pasado un tiempo, en definitiva perdieron la fortuna.

9. DEDICARSE A LA USURA

Cobrar, por préstamos realizados, intereses excesivos (aprovechándose del necesitado).

Dice Proverbios 28:8:

> «El que aumenta su riquezas con usura y cre-
> cido interés, para aquel que se compadece de
> los pobres las aumenta».

Este pasaje está relacionado con el avaro, quien, en su deseo de enriquecerse, viola las leyes de Dios, aprovechándose del necesitado de ese dinero (ya que es el necesitado el que recurre a este tipo de préstamos). Otros pasajes interesantes, al respecto, son: Proverbios 14:31 y 19:17.

10. VIVIR PARA EL TRABAJO

En cuanto a hablar permanentemente de trabajo, faltar a reuniones de la iglesia por este, preocuparse más por el trabajo que por la comunión con Dios, poner en primer lugar la ocupación antes que el Señor, etc. Proverbios 23:4,5 dice: «No te afanes por hacerte rico; sé prudente y desiste».

¿Has de poner tus ojos en las riquezas, siendo ningunas? Pues se harán alas como alas de las águilas y, volarán al cielo.

11. MALDECIR AL PAÍS, AL TRABAJO, O QUEJARSE DE LA SITUACIÓN

Esto es algo sobre lo que el Señor nos ha iluminado. Muchos creyentes hemos maldecido la economía de nuestro país, lanzando insultos, quejas pecaminosas sobre el ministro de Economía de turno, sobre nuestros jefes o trabajos. El resultado está a la vista; debemos pedir perdón, y cortar esas maldiciones o espíritu de queja sobre nosotros. Nuestra vida depende de Dios, no del ministro de turno ni de la abundancia del país en el que nacimos.

Dice Proverbios 20:20:
> «El que maldice a su padre o a su madre se le apagará su lámpara en oscuridad tenebrosa».

Proverbios 11:11
> «Por la bendición de los rectos la ciudad será engrandecida; mas por la boca de los impíos será trastornada».

Otra versión dice que por la bendición del justo la ciudad «sube» y por la maldición de los malos «cae». ¡Podemos levantar nuestra ciudad con nuestras bendiciones!

Si alguien nos ha maldecido debemos cortarlo, o, si tenemos ídolos u objetos religiosos que deshonran a Dios, debemos desecharlos.

La multiplicidad de la idolatría trae pobreza y miseria económica; esto lo vemos en los países llenos de ocultismo e idolatría que han sido tomados por un principado de pobreza, miseria y muerte.

Resumiendo:
* Manifestar vagancia en el trabajo
* Tomar decisiones solos
* Dedicarse a la usura
* Vivir para el trabajo
* Maldecir al país, al trabajo, o quejarse

En cuanto a las ataduras respecto a lo interpersonal, preguntamos por:

12. MALTRATAR O EXPLOTAR A SUS EMPLEADOS

No pagar el sueldo correspondiente, hacer negocios con los empleados para hacerle daño, etc.

> «El que oprime al pobre para aumentar sus ganancias, o que da al rico, ciertamente se empobrecerá».

Dice Proverbios 22:22,23:
> «No robes al pobre, porque es pobre, ni quebrantes en la puerta al afligido; porque Jehová juzgará la causa de ellos y despojará el alma de aquellos que los despojaren».

La Palabra de Dios se revela con duras y claras expresiones para con estos, en Santiago 5:1-4.
> «Vuestras riquezas están podridas y vuestras ropas están comidas de polilla.
> Vuestro oro y plata están enmohecidos; y su moho testificará contra vosotros, y devorará del todo vuestras carnes como fuego.
> Habéis acumulado tesoros para los días postreros. He aquí clama el jornal de los obreros que han cosechado vuestras tierras, el cual por engaño no les ha sido pagado por vosotros; y los clamores de los que habían segado han entrado en los oídos del Señor de los ejércitos».

Hay una severa condena (de «alaridos de tristeza») para los explotadores y para quienes adoptan un trato injusto hacia sus empleados. Ese juicio empieza destruyendo sus riquezas; esto explica porqué muchos ricos explotadores, o pobres exploradores, poseen un espíritu de miseria que va más allá del dinero que poseen.

El juicio viene por confiar en las riquezas y por no dar el jornal o paga que corresponde a sus obreros, por el trabajo hecho (véase Levítico 19:13; Deuteronomio 24:15).

Debemos confesar y pedir perdón sobre toda explotación, maltrato o conducta injusta hacia quienes han trabajado para nosotros.

En Ezequiel 18:12.13 dice:

«... al pobre o menesteroso oprimiere, cometiese robos ... prestare a interés y tomare a usura, ¿vivirá este? No vivirá».

13. TENER PELEAS SIN RESOLVER

Las broncas u odios nos atan financieramente y traen miseria sobre nuestra vida espiritual.

Proverbios 15:16,17 dice:

«Mejor es lo poco con el temor de Jehová, que el gran tesoro donde hay turbación».

«Mejor es la comida de legumbres donde hay amor, que la de buey engordado donde hay odio».

Proverbios 16:8:

«Mejor es lo poco con justicia que la muchedumbre de frutos sin derecho».

Proverbios 17:1:

«Mejor es un bocado seco y en paz, que casa de contiendas llena de provisiones».

Dice Mateo 5:23,24:

«Por tanto, si traer tu ofrenda al altar, y allí te acuerdas de que tu hermano tiene algo contra ti, deja allí tu ofrenda delante del altar, y anda y reconcíliate primero con tu hermano, y entonces ven y presenta tu ofrenda».

El mensaje es claro: primero, reconcíliate y, luego, da tu ofrenda para que sea apta para Dios y abra los cielos. No importa cuánto sea, lo más importante es la actitud del corazón, el cómo damos (véase Amós 5:22 y Malaquías 1:10).

14. SENTIR ENVIDIA POR EL PROGRESO DE OTROS

Solo es pobre aquel que siempre desea más.
Mariano Águilo

Debemos saber qué siente cuando otro progresa, si envidia a algún familiar que le «echa en cara» el dinero que hizo, o desea enriquecerse como por ejemplo «su tío», vecino, etc. La envidia es pecado a los ojos de Dios y trae esclavitud.
Dice Proverbios 3:31-32:
> «No envidies al hombre injusto, ni escojas ninguno de sus caminos. Porque Jehová abomina al perverso; mas su comunión íntima es con los justos».

Dice Proverbios 23:1-3:
> «Cuando te sientes a comer con algún señor, considera bien lo que está delante de ti, y pon cuchillo a tu garganta, si tienes gran apetito. No codicies sus manjares delicados porque es pan engañoso».

Proverbios 24:1,2:
> «No tengas envidia de los hombres malos, ni desees estar con ellos; porque su corazón piensa en robar, e iniquidad hablan sus labios».

Cuando ella gana más que él

La gente se pregunta ¿es un vago? ¿qué le habrá visto? ¿la está usando?
Durante años se ha enseñado a las mujeres a conseguir un

«buen partido», es decir, alguien que gane más dinero que ella, y así muchos hombres han entrado en esto también cuando ellas ganan más que ellos, vienen las competencias, el boicoteo, las comparaciones, etc.

El tema de la administración del dinero en una pareja debe ser decidido por los dos.

15. NO ACEPTAR EN UN MOMENTO DE NECESIDAD EXTREMA LA AYUDA DE OTROS

Rico no es el que más tiene, sino el que menos necesita.

Es el mismo pecado de orgullo, no saber decir «necesito», no pedir nunca a nadie en momentos de verdadera necesidad, por vergüenza.

Proverbios 2:4 dice:

«Altivez de ojos y orgullo de corazón y pensamiento de impíos, son pecado».

Proverbios 16:5:

«Abominación es a Jehová todo altivo de corazón; ciertamente no quedará impune».

16. COMPRAR «PUESTOS EN LAS IGLESIAS» O SENTIRSE DUEÑO DE ALGÚN MINISTERIO POR SUS OFRENDAS

En el libro de los Hechos 8:9-24, tenemos un incidente con el mago Simón; este se hacía pasar por un grande, y dice el versículo 18:

«Cuando vio Simón que por la imposición de las manos de los apóstoles, se daba el Espíritu Santos les ofreció dinero».

Ya sabemos cómo termina la historia: «El don de Dios no se obtiene por dinero», fue la respuesta de Pedro. ¿No será esta la misma actitud de los que hoy «compran el ministerio» o «su lugar de liderazgo», o se sienten dueños de la iglesia? La iglesia de la familia XX, el hermano tal que diezma el setenta por ciento de los ingresos de la iglesia y se siente el dueño. Por supuesto, estas compras no son «directas» sino implícitas, la mayoría de las veces. Dios aborrece estas prácticas, ya que nada en el reino se compra con dinero. Cualquiera de estas actitudes atan nuestras vidas y deben confesarse como pecado, y cortar toda atadura.

Proverbios 29:16,26:
>«Cuando los impíos son muchos, mucha es la transgresión; mas los justos verán la ruina de ellos».
>«Muchos buscan el favor del príncipe; mas de Jehová viene el juicio a cada uno».

17. ELITISTA O RACISTA

Hay gente tan sumamente pobre que solo tiene dinero.

Sean pobres, extranjeros, «mendigos»; juntarse con los de dinero, discriminar en la iglesia, etc.
Dice Proverbios 21.21:
>«El que sigue la justicia y la misericordia hallará la vida, la justicia y la honra».

Proverbios 14:21:
>«Peca el que menosprecia a su prójimo; mas el que tiene misericordia de los pobres es bienaventurado».

Entonces, tenemos:

ATADURAS
Maltratar a los empleados
Tener peleas sin resolver
Sentir envidia por otros
No aceptar ayuda de otros　　LO INTERPERSONAL

Comprar puestos
Ser elitista

Con respecto a sí mismo preguntamos por:

18. DESEAR ENRIQUECERSE RÁPIDO

Al preguntar esto muchos dicen inmediatamente: «¡No!», pero, en su manera de conducirse muestran lo contrario (por el deseo excesivo de adornar su casa con los mejores muebles, de tener el carro de último modelo, etc.), por todo esto es que debemos pedir mucha sinceridad en este punto. El mismo se refiere a las personas que se meten en negocios rápidamente, hacen inversiones apresuradas o locas, que hacen «el negocio salvador», etc.

Proverbios 20:21 dice:

«Los bienes que se adquieren de prisa al principio, no serán al final bendecidos».

Proverbios 21:5:

«Los pensamientos del diligente ciertamente tienden a la abundancia; mas que se apresura alocadamente, de cierto va la pobreza».

Proverbios 28:20,22:

«El hombre de verdad tendrá muchas bendiciones; mas el que se apresura a enriquecerse no será sin culpa».

«Se apresura a ser rico el avaro, y no sabe que le ha de venir pobreza».

¿Quién no ha soñado en algún momento de su vida llegar a ser rico?

Hay una película basada en la novela: «The Magic Christian» de Terry Southern, en la que un multimillonario gasta diez millones de dólares por año para humillar a la gente. Este construye una tinaja en el centro de Chicago y mezcla estiércol, orina, sangre y diez mil billetes de cien dólares cada uno debajo del otro. La gente se sumergía en lo asqueroso para tomar el dinero. Hoy esto no sucede en realidad, pero el enemigo ha escondido el dinero de la misma manera, gente con sus pecados de robo, engaño, amor al dinero, coimas, obtiene el dinero tan apreciado sin darse cuenta muchas veces de su suciedad.

Muchas veces el dinero controló mas al poseedor que este al dinero.

Es el sueño del jugador, del gran negocio, del inventor «un golpe de suerte» y listo.

Estudios emocionales de hombres ricos, han demostrado que cuando eran jóvenes sufrieron pérdidas muy importantes y significativas; y que a partir de ese momento se dedicaron a hacer dinero para no volver a quedar desamparados jamás.

En realidad lo que se busca con el dinero es la felicidad, pero, al tenerlo, descubren con dolor que no es así. Benjamín Franklin dijo que: «El dinero en lugar de llenar un vacío, lo crea cada vez más».

19. CARGAR PECADOS SIN CONFESAR

En Proverbios 28:13 dice:
>   «El que encubre sus pecados no prosperará;
>   mas el que los confiesa y se aparta alcanzará
>   misericordia».

Si hay adulterio, abortos, mentiras, odio, etc., sin confesar a Dios, no habrá libertad financiera. La confesión trae dicha libertad (véase Salmos 39:3; 32:5,1).

20. SOSTENER VICIOS O HÁBITOS PECAMINOSOS

Sean por el juego, el alcohol, las cartas, el sexo, etc. Proverbios 28:13 dice:

«Porque el bebedor y el comilón empobrecerán, y el sueño hará vestir vestidos rotos». «¿Para quién será el ay? ¿Para quién el dolor? ... Para los que se detienen mucho en el vino».

Proverbios 5:8,9:

«Aleja de ella tu camino y no te acerques a la puerta de su casa; para que no des a los extraños tu honor y tus años al cruel. No sea que los extraños se sacien de tu fuerza y tus trabajos estén en casa del extraño».

Las últimas dos citas nos hablan del dinero relacionado con las prostitutas; véase también, Santiago 4:2,3 y Efesios 4:22,23.

El niño desde muy pequeño aprende que el dinero puede comprar placeres, caramelos, chocolates, juguetes, etc., cuando se les niega alguna monedita creen que no lo quieren, ya que en su fantasía piensan en lo ilimitado del dinero de los padres.

Los que pagan a las prostitutas creen que están comprando amor, pero están comprando relaciones sexuales, y de la peor forma. Son como papá Noel, les gusta dar regalos, festejos, pagar cuentas, caer simpáticos para obtener la aprobación de todos. Hacer felices a los demás es su lema.

Si son padres, dan todo lo que le piden por temor a que los hijos no los quieran. Son aquellos que dan grandes sumas de dinero y esperan que Dios por eso los ame más.

No se sienten amados y no saben si podrían ser amados. Esta inseguridad los lleva por este camino de búsqueda de amor. Pagan las cenas, cuando en realidad están pagando la compañía de otras personas para no sentirse solos y es una forma de sentirse amados.

Como no fueron amados, no saben lo que es el amor de verdad. Mucha gente satisface sus anhelos porque algunas personas le dan ese «amor», lo pagan con dinero, pero no es un amor verdadero sino ilusión, porque el amor no tiene nada que ver con la compra y venta.

JUGADOR COMPULSIVO

Esta fortaleza es una de las armas maestras del principado «Mamon».

Lo primero que tendríamos que decir al respecto, es que necesitamos sacarnos la imagen del jugador típico, como nos muestran las películas, en el hipódromo con muchos boletos, nervioso, gastando y gastando. El tramposo y estafador tomando su vino tirado en una mesa... Aunque estas imágenes son en parte verdad, la mayoría de los jugadores compulsivos poseen un actuar distinto. La gente que juega a las cartas, dados, lotería, hipódromo, tienen la urgencia de que exista el dinero de por medio. Cada vez que pierden se dicen interiormente «la próxima vez será».

Para tapar su compulsión recurren a diferentes mentiras y estrategias para ocultarlas delante de su familia y de sus acreedores. Por eso, el suicidio es primo hermano del juego. Su obsesión es conseguir más dinero (a diferencia del gastador compulsivo) cuanto más pierde, más apuesta, buscando siempre la jugada salvadora. Como las drogas, el jugador se autoengaña y dice: «Puedo cuando quiera» negando ser un esclavo de su adicción.

Otros síntomas que se observan son: perder horas de trabajo por jugar, cometer actos ilegales para financiar su juego, jugar más tiempo que el planeado, después de ganar o perder sentir un fuerte impulso a continuar, jugar hasta perder la última moneda, no poder tener dinero encima, estar lejos de su casa por motivos inexplicables, verse acosado por acreedores, promete continuamente que dejará de jugar y vuelve a caer en lo mismo.

Para evadirse de la realidad se refugia en sus «iglesias» de bingo, hipódromo etc. La sensación de ganar lo entusiasma más y más, y el evadir su triste realidad afectiva aplaca sus sentimientos más profundos.

Estos sueños y anhelos de qué hará con el dinero cuando gane, le llevan la mayor parte de su tiempo. Aquí se suma la superstición y, basado en determinados ritos elabora la jugada ganadora.

Por otro lado y de esta forma llena su carencia afectiva a nivel social, porque el juego posee el elemento social. Aquí encuentra el ser amado por los demás.

La adicción va creciendo y creciendo cada vez más. El engaño pasa a ser un estilo de vida para poder sobrevivir. Los grupos de autoayuda «jugadores anónimos» tienen un lema que es «el jugador seguirá jugando, mientras alguien siga pagando».

21. APARENTAR TENER LO QUE NO TIENE

Otro de los significados del dinero en nuestra cultura, es el status o posición social, que para mucha gente es el fundamento de su vida. Mientras más dinero tienen, más importante se sienten. Mostrar ropa buena, alhajas, autos, etc. es la forma de mostrar superioridad.

Esa familia cuyo nombre es sinónimo de dinero o esas otras que empezaron desde abajo y al llegar a tener dinero comienzan a organizar fiestas, viajar a Europa, disfrutar de lujosas vacaciones los fines de semana y estando en bancarrota no han suspendido ninguno de sus «beneficios» ya que esto revelaría antes sus amigos que no son «los mismos», lo que significaría demostrar menos estima y reconocimiento de los demás, siguen manteniendo la apariencia.

He visto gente de mucho dinero estar en la quiebra, pero siguen manteniendo las «sirvientas» y otros lujos que socialmente les hacen aparentar que «todo sigue igual», esto lógicamente a elevadísimos costos.

Justamente la gente de dinero lo utiliza para poder alejarse de la gente con menos recursos económicos.

Para otros el aparentar es símbolo de poder. Es una forma de no admitir su impotencia Mientras más dinero tienen, más poderoso se sienten.

Sin embargo, no importa cuanto dinero tenga, en el fondo se sentirá carente de afecto, porque si falta azúcar por más sal que se coma siempre seguirá faltando el azúcar.

Ya sea con la ropa, la casa, el dinero para pagar «una buena cena», sin que haya dinero ni para la comida diaria, todo tipo de apariencia es pecado y produce atadura financiera

Proverbios 12:9 dice:
«Más vale el despreciado que tiene
servidores, que el que se jacta,
y carece de pan».

Proverbios 13:7:
«Hay quienes pretenden ser ricos y no tienen
nada y quienes pretenden ser pobres, y tienen
muchas riquezas».

22. MOSTRAR ORGULLO POR EL DINERO O POR LOS BIENES

Este pecado cierra la ventana de los cielos, porque Dios no bendice a los orgullosos ni puede confiar en ellos. Dice Proverbios 12:9:

«Más vale el despreciado que tiene servidores que el que se jacta y carece de pan».

En Proverbios 6:16 dice que Dios aborrece «los ojos altivos», y en Proverbios 15:25:

«Jehová asolará la casa de los soberbios; pero afirmará la heredad de la viuda».

2 Crónicas 7:14:

«Si se humillare mi pueblo, sobre el cual mi nombre es invocado, y oraren, y buscaren mi rostro, y se convirtieren de sus malos caminos; entonces yo oiré desde los cielos, y perdonaré sus pecados, y sanaré su tierra».

Lo mismo se puede aplicar a la actitud de ostentación por tener una casa, dinero, piscina, teléfono celular, ropa, etc. Es el mismo pecado: ostentación (en este caso, con dinero). Esto es idolatría y ubicación bajo la potestad de Mamón.

SEPARAR RÍGIDAMENTE EL DINERO

Yo pago esto y tú pagas lo otro... Esto es mío y esto es tuyo. Esta separación estricta de gastos y cosas puede ocultar el temor a ser abandonado. Indica que cuando el otro quiera marcharse lo hará sabiendo lo que es de cada uno. Esto se entiende como miedo a ser abandonado.

Cuánto más se comprometen, más aumenta el miedo al abandono. Mientras más se fortalece la relación entre ambos, más se sufre por el miedo a ser abandonado, de allí el no querer depender del otro. Esto indica que mantener el dinero separado también es una forma de mantener los afectos separados.

Otra razón es el temor a perder la propia identidad y libertad. Cuando le preguntamos a decenas de jóvenes sobre formar pareja nos han dicho «quiero disfrutar un poco más», «¿disfrutar qué?», «disfrutar mi libertad».

Para muchas personas el casarse o formar pareja es visto como perder la individualidad, el temor a ser devorado, a ser dominado.

CONTROLADOR DEL DINERO

Para el hombre dominador la independencia de cualquier tipo de su pareja significa una amenaza que busca aplacar. El saber cuánto gasta, en qué, el pedir las cuentas con detalles a su pareja, etc.

Dice Proverbios 22:7:
«El rico se enseñorea de los pobres, y el que toma prestado es siervo del que presta».

Las deudas nos hacen esclavos de nuestros acreedores. La Palabra nos exhorta a pagar todo lo que debamos.
Dice Proverbios 3:28:
«No digas a tu prójimo: anda y vuelve, y mañana te daré».
Véase también: Lucas 19:7-9; Deuteronomio 15:2; Romanos 13:7,8 y Salmo 37.1. Allí se señala que las deudas nos endeudan más. Pedir siempre a los demás es índice de mala administración. Tampoco debemos prestar a nadie por cosas secundarias, o si no tenemos para nuestras cosas más importantes, mucho menos si es un mal administrador de su dinero, pues también perderá lo que le prestemos. Vale más regalar o pensar dos veces antes de prestarle a este tipo de

persona (si vale la pena poner al otro bajo servidumbre de una deuda, y a nosotros mismos en la angustia de si nos pagará o no).

Muchos creyentes considerando quede esta manera «hacían un bien» prestaron dinero, bienes materiales, mercadería y nunca se lo devolvieron. Esto lo hicieron por desobedecer los principios bíblicos de prestar. Solo debemos prestar si el hermano es un fiel creyente, un buen administrador, si nos sobra ese dinero, y si el hermano lo requiere para una necesidad urgente.

23. GUARDAR PROMESAS O COSAS OFRECIDAS A DIOS Y NO CUMPLIDA

¿Prometimos alguna ofrenda especial a Dios y no la cumplimos?

Proverbios 17:27 dice:

«El que ahorra sus palabras tiene sabiduría; de espíritu prudente es el hombre entendido».

Eclesiastés 5:4 dice:

«Cuando a Dios haces una promesa, no tardes en cumplirla; porque él no se complace en los insensatos. Cumple lo que prometes».

Hay hombres de Dios que lo hicieron y cumplieron, y Dios los bendijo.

Véase 1 Samuel 1:11;Job 22:23-28; Juan 2:9-11,etc.

24. EXPERIMENTAR DOBLE ÁNIMO

Encuentra lo mucho dentro de lo poco. Swift

Dudar permanentemente, ser inconstante, indeciso, tener doble opinión, provoca atadura en nuestras finanzas, nos hace como ondas del mar y así nada recibimos de Dios (Santiago 1:7,8). Este hombre cree, pero duda; sabe que Dios está pero

SANIDAD EN LAS FINANZAS

a veces no lo sienten, es como la hamaca, va de un lado para otro pero se mantiene en el mismo lugar.

Dice Proverbios 18:7,20:
«La boca del necio es quebrantamiento para sí, y sus labios son lazos para su alma ... Del fruto de la boca del hombre se llenará su vientre; se saciará del producto de sus labios».

Proverbios 16:23:
«El corazón del sabio hace prudente su boca y añade gracia a sus labios».

25. AVARICIA O AMOR AL DINERO

Para algunos la pobreza es la raíz de todos los males, para otros el dinero.

El pobre es despreciado, el rico envidiado y el avaro rechazado. Para unos es lo más importante del mundo, para otros algo sin tanta importancia. Sin embargo, la Biblia es clara en cuanto a esto. No es el dinero sino el amor al dinero la raíz de todos los males.

En nuestra sociedad el amor al dinero, la codicia, es un lema diabólico que su padre Satanás ha logrado inculcar en el mundo entero. Qué diremos de aquellos hijos que aparentan ser «buenos» delante de sus padres para poder recibir la herencia cuando mueran, o esa hija que «ama», «ayuda» y prodiga «hermosas palabras de amor» a sus padres solo para que estos le den los ahorros que juntaron durante años; sí, el dinero saca lo que hay dentro del corazón.

Implica actitudes como: egoísmo, dar con cuenta gotas, pedir recibos, controlar los gastos, llevar él solo las finanzas, creerse el dueño de todo el dinero, no dejar que su mujer trabaje, controlarle los gastos, etc.

Véase Lucas 12:15-21; 1 Reyes 21:1-6; Eclesiastés 5:12; 1 Timoteo 6:6-11.

Dice Proverbios 23:5-6:
«¿Has de poner tus ojos en las riquezas, siendo ningunas? Porque se harán alas como alas de águila, y volarán al cielo. No comas pan con el avaro, ni codicies sus manjares».

Proverbios 28:22:
«Se apresura a ser rico el avaro, y no sabe que le ha de venir pobreza».

26. AVARICIA, ACUMULAR COSAS
Al pobre le faltan muchas cosas, al avaro todas. Publio Siro

Aquí está el temor a perder. El acumular cosas, tiene que ver mucho con los temores profundos de ser abandonados afectivamente, y es una manera de silenciarlos un poco. El mezquino con el dinero es mezquino con sus afecto.

Ahorrar es un concepto bíblico, pero llevarlo al extremo no. Es bueno ahorrar para una situación imprevista, para hacer un negocio, para alcanzar una meta, pero el empedernido hace del ahorro un fin en sí mismo. Ahorrar es su propia recompensa, separar de su sueldo un porcentaje para el banco o la cuenta de ahorros y no tocar ese dinero más. Para estos irse de vacaciones no es descansar y cambiar de ritmo, sino tirar el dinero, su lema es *time is money* (el tiempo es oro), por eso, toda actividad que no dé dinero, no sirve.

El ahorro para esta gente no tiene fin, no hay cantidad de dinero que diga «listo, ya llegué» porque la meta nunca se alcanza. El dinero le da seguridad emocional, la seguridad que no tuvo en su infancia y que mágicamente intenta compensar con el dinero ahorrado. Cuanto más dinero tienen, más se obsesionan por no perderlo. Guardarlo en el banco es seguridad, mientras que gastarlo es sentirse vulnerable. Cómo puede ser que ande en un auto tan pequeño con el dinero que tiene, es rico pero miserable. No llaman por teléfono más de dos veces a la misma persona, tienen demasiado cuidado con dejar las luces encendidas, no compran electrodomésticos que le ahorrarían mucho trabajo, compran el helado más barato, aunque sea malo, por no gastar dos pesos más en el bueno, privarse de las cosas es el eje de su vida.

Para el avaro todo es «secundario» o «exorbitante».

Miremos hasta dónde llega la avaricia:

Una mujer llamada Delray Beach, de Florida que era conocida como «Mary la basurera», se vestía con harapos, pedía cigarrillos, revolvía la basura y su casa estaba llena de basura, pues Mary tenía más de un millón de dólares.

Paul Getty, uno de los hombres más ricos del mundo fue considerado como uno de los tacaños más grandes del mundo, al extremo de estar en un hotel y darle veinticinco centavos al conserje para que le comprara una estampilla y pedirle el vuelto. En su casa de setenta y cinco habitaciones puso teléfonos con cospeles para que sus invitados lo usaran sin cargarles la cuenta a él.

Pero, por otro lado podía gastar cinco mil dólares en una obra de arte para su mansión.

Otro multimillonario llamado H. Hunt estacionaba su coche a tres cuadras de su trabajo para no gastar en estacionamiento.

El avaro no solo guarda su dinero, también guarda el tiempo, los conocimientos y todas las cosas a las que le da valor.

27. TEMER A LA RIQUEZA O A LA POBREZA

Muchos creen que mientras más pobres, más santo son, que «el voto de pobreza» es sinónimo de «voto de espiritualidad», aunque hemos visto que detrás de estos votos lo que se esconde es una intensa vagancia en muchos de los «misioneros de la pobreza» que andan de aquí para allá buscando un hogar que les dé alimento o una cama para dormir «mientras predican»

El sentido está en que el dinero debe «ganarse con esfuerzo», el dinero «fácil» no sirve según esta filosofía; por ejemplo, si un cantante gana más en una función que un conductor de micros en un año.

Debe estar marcado por una sensación de culpa, debe haber dolor para ganar el dinero. Mucha gente cuando gana hace un mal negocio que inconscientemente la conduce a perderlo todo, por eso es que «fracasan cuando triunfan».

Lo importante para algunos es empezar desde abajo e ir subiendo lentamente hasta ser el dueño, quien corte camino o se le dé «fácil» en el mejor de los sentidos no es bien visto.

Por lo general, es gente criada con muchas limitaciones en todo, con pocos sueños de prosperar y mucho menos rápido. Es verdad que debemos reconocer que durante décadas, la predicación del evangelio en nuestro contexto hispano tenían el lema «pobre, pero honrado».

Creen que el hecho de poseer dinero nos apartará de la fe, o nos «confundirá», etc. Las riquezas que vienen de Dios no tienen nada de malo; el problema surge cuando le damos el lugar que no merecen, cuando nosotros cambiamos y dejamos de ser buenos administradores del reino.

Proverbios 10:22 dice:

«La bendición de Jehová es la que enriquece, y no añade tristeza con ella».

Proverbios 22:4:

«Riquezas, honra y vida son la remuneración de la humildad y del temor de Jehová».

Proverbios 10:3:

«Jehová no dejará padecer hambre al justo; mas la iniquidad lanzará a los impíos».

Miedo a perder el trabajo, a que Dios no suplirá, a que todo va a ir de mal en peor, etc. Debemos cortar esta atadura, ya que eso es falta de fe. Dios nos ha prometido a todos sus hijos que nunca nos faltará nada (Véase Mateo 6:25-32; Hebreos 11:6; Filipenses 4:19; 2 Timoteo 1:7. No debemos temer al hombre (Proverbios 29:25), ni a fracasar (2 Corintios 2:14), ni al rechazo (Juan 6:37).

Si no hay fe, no podemos agradar a Dios. Él no puede trabajar en uno que es incrédulo (Mateo 15:38).

NO DARSE GUSTOS O LA AUTOPRIVACIÓN

Especialmente, en sí mismos ellos «no pueden darse ese lujo». Les es más fácil gastar en otras personas que en sí mismos, porque su lema es «mejor es dar que recibir». Tratan de justificar su pobreza como un «ahorro para el futuro», la privación es su lema, en el fondo esperan el aplauso de los demás por su conducta altruista y abnegada. La culpa que sienten al disfrutar el placer y la diversión y por amarse a sí mismos es cuantiosa.

Son formas de reducir la ansiedad que sintieron de pequeños y prefieren confiar en el dinero, en vez de confiar en la gente.

Muchas personas al comprarse algo se sienten como si hubiesen hecho «algo malo» como si «hubiesen malgastado el dinero que Dios le dio», como «si hubiesen pecado». Quieren algo y después de dar mil vueltas se dicen así mismo «no, no lo puedo tener». Es como una incapacidad de darse regalos o cosas aun necesarias y vitales a ellos mismos como por ejemplo: una buena atención médica, alimentos o ropa que miran y miran durante horas, etc.

Esto tienen que ver con negarse y privarse del amor y del afecto. Negarse cosas es su estilo de vida. Incluso nos encontramos personas que siendo creyentes tienen estas ataduras afectivas en el «nombre del Señor», y vemos que se privan de cosas aun teniendo el dinero para adquirirlas.

Más adelante, hablaré sobre la «cultura de la miseria», de muchos creyentes y muchas iglesias, de las predicaciones de la miseria, del creyente «mendigo».

No se cuál me produce más molestia, si esa loca prosperidad de Mercedes Benz para todos o la miseria, sufrimiento y pobreza cristiana como estilo de vida económica y afectiva. Cuando una persona se ama y se respeta posee una saludable autoestima y sabe quién es en Cristo, cuál es su identidad como hijo del rey y está en condiciones de ser próspero y libre en todo sentido.

Así es el dinero, puede usarse para castigo. Esta es la atadura afectiva, es necesario que la persona renuncie a la culpa, al sentimiento de «no me lo merezco», «no soy digno», «no hice nada para ganármelo», «soy malo», no merezco ser amado, no merezco tener afecto, *sí*, se debe renunciar a todo esto.

Por eso, este tipo de creyentes que se autoprivan buscan parejas que le dan lo que sienten que merecen: poco y nada de afecto, por eso el tacaño o el avaro forman pareja, o parejas inaccesibles; gente casada, que vive lejos, que jamás mostraron interés el uno por el otro, etc.

Hemos ministrado a muchas personas y nos han dicho que sus padres utilizaban el dinero como «premio» o «castigo», lo que provocó en su adultez que mezclaran «dinero y amor». Por eso hay tantos hogares ricos, pero, pobres en afecto; y otros hogares que, siendo pobres, son ricos en afecto.

28. LA CODICIA

Ambicionar ganancias deshonestas, envidiar a los ricos que han robado, desear hacer negocios sucios, adquirir dinero mal habido, codiciar cosas materiales, es una forma de buscar con avidez un poco de amor, de afecto.

El codicioso actúa como si comiera la comida desesperadamente antes de que se le escape de sus manos. De pequeño quizá no sabría si sentía necesidad de afecto, de alimento, de abrazos, y cuando crece este niño, pues no sabe en sí lo que quiere y toma cualquier cosa que lo satisfaga, en vez de esperar que alguien se lo dé.

Freud decía que la felicidad consistía en tener el afecto de los padres, por eso el dinero trae tan poca felicidad, porque nunca fue un deseo infantil.

Proverbios 1:10,11,13-15 dice:
> «Hijo mío, si los pecadores te quisieran engañar, no consientas. Si dijeren: Ven con nosotros; ... Hallaremos riquezas de toda clase, llenaremos nuestras casa de despojos; echa tu suerte entre nosotros; tengamos todos una bolsa, hijo mío no andes en camino con ellos. Aparta tu pie de sus veredas».

Proverbios 1:32:
> «Porque el desvío de los ignorantes los matará, y la prosperidad de los necios los echará a perder».

Véase también: Lucas 12:16-21; Tito 1:7 y 1 Timoteo 3:2,3,8.

29. NO ESPERAR PROSPERIDAD DE PARTE DE DIOS

Nadie con un sueldo hace mucho dinero. Los ricos han hecho que su dinero trabaje por ellos. Lo han puesto a trabajar, todos han hecho alguna inversión.

Poseen una gran capacidad dada por Dios para ver el futuro y saber qué sucederá.

Disfrutar del trabajo como disfrutamos de las cosas, es algo muy importante. Los contactos con gente de dinero también. Pensar de uno mismo de forma satisfactoria y ver la vida rica en Cristo es muy bueno. Esto es lo que significa hacerse rico en todos los aspectos de la vida.

Hay personas que nunca esperaron que Dios le diese más; esta es una atadura y debe ser entregada al Señor.

Proverbios 22:4 dice:

> «Riquezas, honra y vida son la remuneración
> de la humildad y del temor de Jehová».

Otra variante de esto es creer que la pobreza es un estado de «mayor espiritualidad». Dios no enaltece la pobreza; Jesús dijo que siempre tendríamos a los pobres, pero esta no es una declaración de su voluntad sino de la realidad (Juan 12:8). A veces, se lee mal el texto de «bienaventurados vosotros los pobres, porque vuestro es el reino de Dios» (Lucas 6:20), porque allí habla a los pobres en espíritu (Mateo 5:3). ¡Jesús vino a traer buenas nuevas a los pobres! (Lucas 4:18).

Proverbios 11:16 dice:

> «La mujer agraciada tendrá honra, y los fuer-
> tes riquezas».

Proverbios 13:22:

> «El bueno dejará herederos a los hijos de sus
> hijos; pero la riqueza del pecador está guarda-
> da para el justo».

SABOTEAR EL ÉXITO

Este es el tipo de persona que no se permite prosperar. La teología de la miseria les gusta, cuando progresan no lo disfrutan con alegría, sino con depresión y autosabotaje, para no disfrutar «mucho» el éxito económico obtenido. Mantienen en su inconsciente esta falta de premio dada por sus padres de que «nunca los superen económicamente», después en la adultez mantienen en lo más profundo de su corazón este mandato de no superar a sus padres.

Fundamentalmente, no disfrutan los logros con sus parejas porque temen que se enojen y entonces adoptan el rol de «niña buena» ocultando sus logros económicos, por temor al rechazo afectivo.

30. EL DERROCHADOR

No puede tener dinero en el bolsillo. Sentir una necesidad imperiosa de comprar, prestar dinero, etc.
Proverbios 21:20 dice:

> «Tesoro precioso y aceite hay en la casa del sabio; mas el hombre insensato todo lo disipa».

Proverbios 4:7:

> «Sabiduría ante todo; adquiere sabiduría; y sobre todas tus posesiones adquiere inteligencia. Engrandécela y ella te engrandecerá; ella te honrará, cuando tú la hayas abrazado».

Véase también: Proverbios 3:13-16. Se dice que hay sabiduría en la administración y también habrá «riquezas y honra». (v.16).

VIVIR ENDEUDADO O GASTAR COMPULSIVAMENTE

Muchas personas se sienten deprimidas, solas y salen a gastar. De esta forma evaden su depresión afectiva. Muchos libros cristianos recomiendan «quemar las tarjetas de crédito», pero, si no se corta la atadura afectiva las deudas continuarán aun después de haber roto «el plástico maldito».

Es una manera de demostrarse que no hay límites, por lo general, sufrió límites estrictos de todo tipo en su infancia, especialmente, emocionales, y ahora sienten que al despilfarrar su dinero no hay límites que «siempre existirá». Para muchos librarse del dinero es una manera de volver a recuperar los límites y por ende la normalidad.

El gastar en forma descontrolada es una adicción y una atadura poderosa. Nace después de un sentimiento de depresión, de una pelea, como si fuera una medicina.

La persona sale a gastar, después, nuevamente vuelve a la realidad y se siente culpable, siente vergüenza y hace confesión de pecados por lo que ha hecho, prometiéndole a su pareja, si la tiene, y a Dios que nunca más cometerá esos errores. De esta forma se autoengaña y recurre a las mentiras para aplacar a los que le rodean.

Necesitamos ministrar y cortar los mensajes infantiles que recibió sobre el dinero para buscar afecto y atención gastando compulsivamente.

A lo que debe renunciar también es a la fantasía de agradar a los demás comprando y comprando para así mejorar su autoestima y sentir que los demás lo valoran más, es decir, que ese es un sentimiento de inferioridad que se esconde detrás del gastador.

Gastan, invitan, compran porque desean impresionar a los demás y comprar un poco de afecto.

Algunos de estos síntomas son:
Sentir «ataques de comprar».
Pedir dinero prestado sabiendo que no lo pueden devolver.
Impresionar a otros pagando e invitando.
Dificultad de cuidar el dinero que gana.
Gastar dinero en cosas secundarias.

Debemos recibir liberación en los sentimientos que desencadenan las compras.

Dentro de las variaciones masculinas tenemos al *gastador soñador*, fuera de todo realismo, hace sus castillos en el aire y promete a su pareja que hará negocios y ganará millones. Cree que tiene los dones dados por Dios para hacer riquezas, pero, en realidad, lo que tiene es mucha imaginación que lo hace evadir la realidad. Se cree un genio de los negocios y trata de embarcar a otros con sus grandes proyectos, pero jamás tiene un peso y si logra tenerlo, al cabo de un tiempo, vuelve a perderlo todo. Es un adicto a los problemas financieros porque lo hacen sentir libre y vivo. Si logra algún éxito lo boicoteará para perderlo todo de nuevo. Despilfarra su dinero en pésimos proyectos (aunque piensa que son magníficos). Acumula deudas, no dura mucho en sus trabajos (por esto tiene un currículo enorme de trabajos). No se hace cargo de sus deudas y gasta desequilibradamente, «ya tengo el dinero te lo doy mañana» es su frase mentirosa favorita. Jura que pagó las cuentas, que sus problemas económicos son transitorios, dice vivir de una manera, pero vive de otra. Exagera y adorna con mentiras sus historias hasta encontrar víctimas que les crean y que invierten en sus «magníficos» proyectos, que puedan prestarles el dinero para sus proyectos salvadores.

Es un adicto al «gran negocio». Al hablar con ellos convencen a cualquiera y da la sensación de ser personas de «éxito económico». Su necesidad de impresionar a los demás es tan grande como sus mentiras y como sus fantasías que no sirven para nada

Vive como si tuviera mucho dinero. En su fantasía se siente poderoso y siente una seguridad interior afectiva. Impulsivamente salta de un proyecto a otro, sin medir consecuencias ni asumir responsabilidades de lo sucedido (aunque para él todo tiene una explicación muy lógica).

El estafador es el que de manera consciente desea vivir a costillas de otro, robar y engañar, que toma sus presas con encantadora palabrería.

Estas son las personas que creen que el mundo es injusto y está lleno de malvados, busca el dinero para obtener más poder, para tener más dinero. Ve las personas como víctimas que hay que explotar. Son los vendedores o patrones que usan el truco para vender u obtener más. Su característica principal es que no sienten culpa por lo que hacen y el Espíritu Santo tiene una gran tarea para que se reconozcan pecadores. Al arrepentirse muchos de ellos vuelven a falsificar y a estafar. Para estos en la vida hay «ganadores y estafadores», ellos son de la primera clase. Por lo general, gente que no ha tenido ningún tipo de límites en su infancia y cree que puede manejar a la gente a su antojo. Sus gustos personales y sus impulsos debe satisfacerlos ya, son poco tolerantes a la frustración y lo más importante en la vida son ellos mismos.

Hacen promesas de pagar los sueldos y no las cumplen. Venden diciendo que su producto es de la mejor calidad, cuando es una porquería, así al controlar se sienten poderosos frente a los demás y esto grita la falta de amor que tuvieron aunque ellos digan que no. No expresan emociones porque para ellos esto una debilidad. Son los vendedores que ponen avisos engañosos, las empresas que ofrecen un servicio de vacaciones que no existe, las inmobiliarias que venden una casa que no existe y así podríamos seguir con todas las profesiones.

Generalmente, esta gente busca conectarse con gente de nivel y poder político y económico, piden prestadas grandes sumas de dinero y se arriesgan a grandes negocios. Algunos de ellos por momentos son millonarios y por otros millonarios de deudas que se ingenian una y otra vez para salir de ellas. Se muestran fuertes aunque en el fondo se sienten impotentes frente a la vida. Competir consigo mismo por el mejor negocio, es su predilección.

Por supuesto, hay grados de estafadores y explotadores como vamos describiendo a continuación. En el fondo hay una tendencia a la autodestrucción, es difícil que se enamoren, solo tienen vínculos que les sirven para sus propósitos. El riesgo que corren con ser descubiertos o perder su dinero en los negocios que hacen, es lo que los mantiene vivos, es como si el peligro los hiciese sentir vivos.

Es el tipo de gente que uno teme pedirles lo que le prestó, muchas veces son personas que tienen una imagen social muy fuerte e idealizada, incluso por gente que termina aceptando las ideas de él como propias, y aun despiertan un sentimiento de que en realidad son buenas personas, pero que no son comprendidos por los demás.

El bohemio vive lleno de utopías. No desea trabajar mucho. Siempre se siente víctima de los demás. No aguanta mucho en los trabajos.

Tenemos:

* *Deseo de riquezas rápidas*
* *Pecados sin confesar*
* *Vicios o hábitos pecaminosos*
* *Aparentar tener posesiones*
* *Orgullo*   *Sí mismo*
* *Deudas*
* *Promesas u ofrendas sin cumplir*
* *Doble ánimo*
* *Avaricia*   *Sí mismo*
* *Miedo a la riqueza o a la pobreza*
* *Ser codicioso*
* *No esperar prosperidad*
* *Ser derrochador*

*   *Cobrár más de lo debido*
*   *Adquirir dinero con mentiras*
*   *Hacer inversiones secundarias*   *Dinero en sí*
*   *Adquirir dinero por robo*
*   *Ser fiador*
*   *Dar o aceptar coimas*

Cómo cortar las ataduras del pasado y del presente

- *Maltratar a los empleados*
- *Mantener pleitos sin resolver*
- *Envidiar a otros*
- *No aceptar ayuda de otros*   *Lo interpersonal*
- *Comprar posiciones (trabajos)*
- *Ser elitista*

- *Ser vago e incumplidor*
- *Tomas decisiones solo*
- *Dedicarse a la usura*   *El trabajo en sí*
- *Vivir para el trabajo*
- *Maldecir al país o trabajo*

Capítulo 3

Cómo cortar la herencia y las maldiciones generacionales
(segundo piso)

1. INTRODUCCIÓN

Muchos de los problemas financieros que existen, no son actuales, sino que vienen arrastrándose de viejos pecados, hábitos y espíritus inmundos transmitidos de generación a generación. El diablo ha diseñado estrategias demoníacas para destruir no solo la vida espiritual de los hijos de Dios, sino también la económica.

2. LA HERENCIA DE ESPÍRITUS FAMILIARES

El diccionario define a la herencia como la transmisión de determinados caracteres o propiedades de padres a hijos, y, en general, de antecesores a descendientes. En la herencia intervienen aspectos biológicos, sicológicos y espirituales.

La herencia sicológica se transmite a través de lo que el niño aprende y va copiando de sus padres, siempre marcado por el tono temperamental (que es netamente hereditario). También existe un importante aspecto hereditario espiritual.

Esto no significa que un hijo hereda de su padre la salvación, ni que se nace heredando dones espirituales, sino que las características de la vida espiritual de los ascendientes, hasta varias generaciones, se reproducen siguiendo casi las leyes de la herencia sicológica, y va aun más allá que esta.

Esto es así: Una persona no solo adquiere muchos conocimientos a través de su padre, sino también, una determinada forma de ver a Dios, de vivir la vida cristiana y de administrar su dinero o riquezas (el lugar que ocuparán estas en su vida, etc.) Cuántas veces hemos visto hijos y nietos reproducir las mismas conductas espirituales de sus ascendientes. Hemos sido testigos de cómo la actitud rebelde hacia el pastor, de ciertos padres, se reproduce en sus hijos y nietos. Esto no nos debe sorprender, ya que en Éxodo 34:6,7 dice:

«Y pasando Jehová por delante de él, proclamó: ¡Jehová! ¡Jehová! fuerte, misericordioso y piadoso; tardo para la ira, y grande en misericordia y verdad; que guarda misericordia a millares, que perdona la iniquidad, la rebelión y el pecado, y que de ningún modo tendrá por inocente al malvado; que visita la iniquidad de los padres sobre los hijos y sobre los hijos de los hijos, hasta la tercera y cuarta generación».

El mismo Jesús decía «generación de víboras» queriendo significar la herencia espiritual de sus antepasados. Lo mismo vale para los hábitos y pautas administrativas hacia nuestras finanzas.

El asunto de la herencia es muy importante en el Antiguo Testamento.

La iniquidad de los padres puede heredarse, así como sus efectos para con hijos, nietos y hasta la cuarta generación. Esto me consta. Al escribir esto, un creyente vino para que le ministrara. Su padre fue practicante comprometido en todo tipo de juegos de azar; él, desde muy pequeño vio y recibió parte de la iniquidad y pecado de su padre. Vivió en la miseria, vio a su padre cómo escapaba rumbo al casino, perder y ganar fortunas... Aprendió que el dinero era lo más importante en la vida de una persona.

(Ejemplo: La idea de «la jugada salvadora»; sin embargo, también se formó en él una fortaleza de temor a la pobreza; este hombre no cayó en el juego, pero, sí en negocios que lo llevaron a la ruina, y a conflictos familiares casi iguales a los que tenían sus padres entre sí.

Este es un sencillo ejemplo de lo que queremos decir: puertas abiertas del pasado, opresión en el presente.

3. LOS PADRES: AUTORIDAD ESPIRITUAL DE LOS HIJOS

Hay familias con maldad que han destruido a pastores, a ministerios y aun a iglesias enteras por su «deseo de gobernar», que no es otra cosa que la maldad satánica camuflada. Una «hermana» decía que era la cuarta generación familiar de los que «sirvieron a Dios», mientras «sorprendentemente», sus hijos pequeños continuaban con sus mismas actitudes de críticas y rebeldía.

Un colega me contaba cómo su abuelo fue un mujeriego, su padre también y cuando él tuvo novia, sus suegros se asustaron muchísimo pensando que él lo sería también.

Es importante a la hora de ministrar, poder descubrir estos errores financieros, administrativos, etc. que la persona a quien ministramos puede seguir arrastrando en su vida. Para esto, necesitamos rastrear junto con él, las conductas espirituales, las creencias y las actitudes espirituales de sus antepasados frente al trabajo y el dinero.

Renunciamos y rompemos toda herencia espiritual que haya podido quedar en nuestra conducta de los conceptos espirituales que nuestros padres, abuelos y hasta la cuarta generación fueron transmitiendo: concepto falsos de Dios, de las riquezas, del trabajo; pecados administrativos como robo, usura, ostentación de lo material, etc.

4. CÓMO CERRAR LAS PUERTAS ABIERTAS

Hemos dicho que el vivir en pecado abre la puerta legal, es decir, da autoridad legal a los demonios para operar sobre esos pecados.

Los pecados de nuestros antepasados pueden haber dado lugar a que ciertos espíritus inmundos trabajasen en esas áreas de pecados en forma generacional. Por ejemplo, si los abuelos robaban, un espíritu de robo se asienta sobre esa conducta; mientras más tiempo pase, y más pecado exista, tanto más se irá afirmando en los hijos. Ese mismo espíritu de robo más tarde «quedará» sobre los nietos para tratar de provocar el mismo pecado que le otorgue la autoridad legal para permanecer en ese hogar. No nos cabe la menor duda de que hay espíritus inmundos que anhelan quedarse en ciertas familias, generación tras generación produciendo miseria y pobreza.

Hay espíritus familiares, principados, que se han mantenido trabajando sobre esos pecados familiares de generación en generación. Esos espíritus que han ido perdurando en tu familia desean seguir operando en tu vida. Así como la pereza se hereda y se aprende, los espíritus desean llevarnos a hacer lo mismo, o sea, generar ese mismo pecado. Han estado durante varias generaciones trabajando y no se van a ir así porque sí.

Por ello, nuestro objetivo es identificar los pecados generacionales, y , así descubrir los espíritus familiares que han estado trabajando y destronarlos.

Me encontraba escribiendo sobre esto y llegó una pareja

para que le ministrara. Al rastrear su ascendencia me dicen:

- *Abuelos*: El abuelo tacaño a más no poder.
- *Padres*: El padre no le daba un centavo a su esposa y jamás dijo cuánto ganaba.
- *El que me cuenta la historia*: Hipertrabajador, con pánico a ser pobre. Nunca disfrutó el dinero que ganaba, siempre ahorró «obsesivamente» y cuando compraba algo (rara vez lo hacía) se sentía con enorme culpa por «despilfarrar».

Identificado esto, de inmediato, los guiamos a confesar los pecados de sus antepasados identificándose con ellos (lo explicaremos más adelante). Después, cortamos toda atadura del pasado y al final echamos fuera todo espíritu inmundo de avaricia, temor, etc.

Aunque este ejemplo tiene mucho de sicológico, de ninguna manera descarta el poder espiritual operado. Algo que debemos enfatizar: Nuestro trabajo y prosperidad no dependen del país en que vivimos, sino de Dios.

Otro caso para ver este principio más ampliamente:

- *Abuelos*: El abuelo dejó a su familia en Europa para venir a casarse a América.
- *Padres*: Ella se casó con un hombre que también dejó a su familia en Europa.
- *Hijos*: Una de las hijas se casó y se fue a vivir a otro país. Otra se casó con un hombre que luego la abandonó. La otra hija tiene profundo temor, celos e ideas celotípicas.

Aquí podemos ver claramente un espíritu de abandono. Debemos orientar a la persona a confesar los pecados, luego, romper toda herencia espiritual, y después reprender al espíritu de abandono.

Podríamos seguir dando muchísimos ejemplos, pero, creo que con estos dos quedó clara la idea. Al comenzar a ministrar, tú mismo verás esto (así como los resultados, al reprender el espíritu).

La identificación con los pecados de los antepasados merece, a su vez, una explicación.

5. CÓMO IDENTIFICARNOS CON LOS PECADOS DE NUESTROS ANTEPASADOS

Según el Antiguo Testamento, las naciones pueden ser culpables de pecados colectivos. Los espíritus entran en la vida cuando ven la puerta abierta, que es el pecado (Ezequiel 18:2).

Tanto Nehemías como Daniel son ejemplos. Ellos se hicieron cargo del pecado de sus pueblos.

Nehemías oro:

«Esté ahora atento tu oído y abiertos tus ojos
para oír la oración de tu siervo, que hago ahora
delante de ti día y noche, por los hijos de Israel
tus siervos; y confieso los pecados de los hijos
de Israel que hemos cometido contra ti; sí, yo
y la casa de mi padre hemos pecado» (1:6).

Esta identificación es la diferencia.

Esdras dijo en el capítulo 9 versículo 6:

«Dios mío, confuso y avergonzado estoy
para levantar, oh Dios mío, mi rostro a ti, porque nuestras iniquidades se han multiplicado
sobre nuestra cabeza, y nuestros delitos han
crecido hasta el cielo».

No oramos contra ellos, para que caiga juicio, sino que nos «metemos» en esos pecados y los confesamos como propios. Fuerzas espirituales cósmicas (que habían tejido redes espirituales) se cortarían. Eran los pecados de su nación, pero, en primer lugar, eran los de su propia sangre, los de su misma familia.

Él estaba en constante oración y bajo la total dependencia de Dios. Luego recordó que él confesó estos pecados (Daniel 9:20). Nos identificamos con estos pecados y los confesamos.

Si confesamos estos pecados, Satanás retrocede (Jeremías 16:10-13; Esdras 9:7).

Luego, preguntamos de qué trabajaban los abuelos, y qué dificultades económicas y pecados financieros tenían. (Ejemplos: abuelos jugadores, derrochadores, etc.).

Después, preguntamos por sus padres: qué decían respecto al dinero, qué trabajos tenían, cómo era su situación económica, su fidelidad a Dios, etc.

6. LAS MALDICIONES FAMILIARES SOBRE LAS FINANZAS

¿Tiene poder la lengua? ¿Tienen poder las palabras? Indudablemente que sí.

A través de las palabras sanamos o enfermamos. El antiguo libro de Proverbios dice que hay hombres cuyas palabras son como golpes de espada, mientras que las palabras de los sabios son medicina (Proverbios 12:18).

Las maldiciones se refieren a lo que la boca es capaz de hacer en la vida de la persona. La maldición es un deseo intenso de destruir a la otra persona, de descalificarla, de adjudicarle una desgracia, una enfermedad, o, simplemente el mal. Es una invocación al mismo diablo y sus demonios. Así como la bendición es desearle lo mejor de Dios a una persona, la maldición es desearle lo peor del diablo. Es un deseo de perjudicar.

Las maldiciones traen miseria sobre la vida de la persona y sobre sus trabajos.

Muchos, sin darse cuenta, han maldecido su economía, trayendo así ataduras y conflictos aun generacionales.

Hay maldiciones «sicológicas» o «emocionales», que no caen directamente sobre las finanzas, pero sí sobre la persona. Estas tienen que ver con el deseo de una persona de descalificar, empequeñecer, o rechazar en el nivel afectivo, a otra.

Frases como: «No te deseo», «eres un estúpido», «siempre haces las cosas mal», etc. son maldiciones que salen de la boca de las personas y que destruyen la vida de sus receptores. Hemos escuchado a personas que, en su intento de justificarse, dicen que Dios también ha maldecido. Sí, es verdad; pero las maldiciones de Dios en contra del pecado no tienen nada que ver con lo antes dicho. Dios censura el pecado y trae juicio. Él lo puede hacer porque es Dios Santo y Rey Justo. A Dios le cabe esto, pero no al ser humano, que vive en la gracia.

Es interesante que «maldecir» también significa: «Poner en ridículo», «insultar», «hacer pequeño» (1 Reyes 2:8).

Muchas personas no han tomado conciencia de que «las palabras» tienen poder, no porque lo posean en sí mismas, sino porque una «mala palabra» (un insulto, un chisme, una crítica, etc.) son los vehículos para que el enemigo se haga presente y ate.

En la Biblia se nos alienta a tomar conciencia de esto y del cuidado que nuestras palabras bendigan y no maldigan.

Proverbios 12:18 dice:
> «Hay hombres cuyas palabras son como golpes de espada; mas la lengua de los sabios es medicina».

Por otro lado en Proverbios 18:21 dice:

«La muerte y la vida están en el poder de la
lengua, y el que la ama comerá de sus frutos».

A una persona que se iba a casar, un tiempo antes de la
ceremonia sus padres le dijeron: «Quiero advertirte que, si te
casas con esa, toda tu vida vas a tener miseria». Esta maldición, arrojada días antes del enlace civil, bastó para que, en el
matrimonio, se cumpliese. Ellos creyeron la maldición al
punto que comenzaron a discutir (porque lo que se les había
dicho iba a ser «verdad»).

Las palabras en sí mismas no tienen poder, pero el efecto
que producen en quienes las escuchan (sumado al valor afectivo que le confieren a quien las dice) hace que entren en lo
más profundo del ser y destruyan la vida.

Frases descalificadores, palabras de derrota, insultos, malas
palabras, etc., son formas de maldecir (en lugar de bendecir).

Los síntomas que puede poseer una persona maldecida
pueden ser, según Deuteronomio 28, problemas emocionales,
enfermedades crónicas hereditarias, trastornos en la fertilidad,
problemas matrimoniales, dificultades económicas, accidentes, muertes prematuras o suicidios.

Apartarse de Dios trae también maldición de sequedad
(Jeremías 17:5,6); otro tanto ocurre con robar su diezmo
(Malaquías 3:10).

Satanás tiene un plan para destruir a las naciones y la maldición es uno de sus elementos.

Hace un tiempo le ministramos a un matrimonio al que una
persona allegada le dijo: «Su matrimonio no va a durar nada,
se van a divorciar». Estas palabras actuaron como maldición
en la vida de la pareja; bastó con renunciar a esa maldición
y romper su poder afectivo-espiritual para que la pareja
volviese a la estabilidad. Todas las frases que se repiten permanentemente, también pueden actuar como maldiciones

sicológicas. Hay personas que se pasan la vida anunciando sus temores una y otra vez, y repitiendo lo mal que están, una y otra vez. Esto actúa como un bumerán que vuelve sobres su vidas.

Cuando una persona se encuentra bajo una maldición, se siente atrapada, como en sombras, como en un túnel donde todo sale mal y no hay respuestas ni victoria. La persona se puede encontrar, sin saberlo, bajo maldiciones de sus antepasados (dadas a ellas, a su descendencia o a su familia). En más de una oportunidad, el Espíritu nos guió a pedirle que nos muestre quién y cuándo arrojó alguna maldición; la revelación del Espíritu es tan maravillosa que, luego de semanas, pudimos comprobar (por diversos medios) lo que el Espíritu reveló con exactitud.

También debemos pedir por discernimiento del Espíritu, ya que muchas maldiciones de antepasados están vinculadas con las finanzas y trabajos y muchas maldiciones las ha hecho la misma persona damnificada.

Sería importante decir, que hemos ministrado a cientos de personas que se «automaldijeron». Al respecto, consideramos válido señalar algunos de los siguiente pasajes: Mateo 12:36,37; Proverbios 6:2; Marcos 14:66-72; Mateo 27:20-16.

Las maldiciones deben ser destruidas. Cualquiera de ellas puede hacerse:

- Sobre sí mismo
- Sobre un hijo
- Sobre los padres (Éxodo 21:17; Levíticos 20:9).
- Sobre su descendencia
- Sobre mi familia
- Sobre el ministerio
- Sobre la iglesia.
- Sobre la ciudad, nación, países, etc. (Números 22:6, 23:7).

Preguntamos por las maldiciones:

¿Qué te dijeron tus padres sobre tu capacidad para hacer dinero, o sobre tu trabajo? ¿Alguna vez te dijeron algunas frases como las siguientes?

- «Eres un vago».
- «Langosta».
- «Nunca vas a llegar a nada».
- «Las mujeres no ganan dinero, lo gastan».
- «La mujer es para la cocina y para cuidar los hijos».
- «Con ese vago con quien te vas a casar, no vas a llegar a ningún lado».
- «Ustedes no van a progresar».
- «Esa mujer te va a gastar toda la plata».
- «¿Con qué se van a mantener?»
- «Mi hija se casará contigo, pero ¡tienes que tener algo para sostenerla!»

MÁS MENSAJES SOBRE EL DINERO

- «Con la plata en la mano, eres un peligro».
- «Por qué piensas que mereces ese dinero».
- «El dinero es el peor de los males».
- «Gana el primer millón como puedas y el resto honestamente».

ALGUNAS PREGUNTAS PARA DESENMASCARAR ESTOS MENSAJES:

- ¿Quién controlaba el dinero en tu casa?
- ¿Quién te daba dinero cuando eres pequeño?
- ¿Qué debías hacer o no hacer para obtenerlo?
- ¿Cómo lo manejan ellos? Lo gastaban, ahorraban, eran avaros, etc.
- ¿Qué decían con relación al dinero cuando discutían?
- ¿Hubo problemas económicos en tu infancia? ¿Qué hacía tu familia?
- ¿Trabajabas cuando eras niño, te permitían tener dinero?

- ¿Qué te enseñaron en tu iglesia sobre el dinero?
- ¿Cómo manejaban y qué actitud tenían tus pastores sobre el dinero?

Otras cuestiones clave son:
- Actitud de sus padres frente a sus trabajos

Trabajo inestable: trabajó en mil cosas y seguía cambiando.
Trabajo en pecado: pornografía, prostitución, explotación.
Trabajos con gente ocultistas. Con un jefe que robaba, etc.
Poco trabajo.
Trabajo nulo: nunca trabajó.

- Administración del dinero
Quién y cómo decidía: Sobre la base de lo que se pregunta en el piso uno, preguntar sobre qué conductas han identificado en sus padres, etc.

Capítulo 4

Las llaves que abren las puertas de los cielos
(tercer piso)

Después de haber identificado y cortado las malas prácticas administrativas de nuestras finanzas, y haber cerrado toda puerta abierta de nuestros antepasados, estamos preparados para reconocer y utilizar las tres principales «llaves» para la bendición de Dios.

Como dijimos anteriormente, contar con estos tres principios significa mucho, pero, no es todo, porque debemos identificar y romper antes todas las malas administraciones que hemos tenido.

1. AMAR A DIOS SOBRE TODAS LAS COSAS

A cualquier persona que le preguntemos este nos dirá: «Sí, el Señor está en primer lugar en mi vida». Por eso, debemos hacer algunas preguntas para certificar que, en realidad, esté viviendo el Señorío de Cristo en todas las partes de su vida.

Hay pasajes muy interesantes en la Biblia sobre esto: Cuando el pueblo se aleja de Dios, cuando deja de amarle, no solo se cortan «las lluvias de bendición del cielo» sino que también se corta «el fruto de la tierra». De hecho, nuestro alejamiento de Dios trae como consecuencia miseria económica y destrucción. Cuando volvemos a él, cuando le amamos, cuando él está sobre todo, entonces, Dios abre las ventanas de los cielos y la tierra vuelve a dar fruto en abundancia.

Veamos algunos pasajes pertinentes, como el de Hageo 1:5-11:

«Pues así ha dicho Jehová de los ejércitos: meditad bien sobre vuestros caminos. Sembráis mucho, y recogéis poco; coméis, y no os saciáis; bebéis, y no quedáis satisfechos; os vestís, y no os calentáis; y el que trabaja a jornal recibe su jornal en saco roto.

Así ha dicho Jehová de los ejércitos: Meditad sobre vuestros caminos. Subid al monte, y traed madera, y reedificad la casa; y pondré en ella mi voluntad, y seré glorificado, ha dicho Jehová. Buscáis mucho, y halláis poco; y encerráis en casa, y yo lo disiparé en un soplo. ¿Por qué? Dice Jehová de los ejércitos. Por cuanto mi casa está desierta, y cada uno de vosotros corre a su propia casa. Por eso se detuvo de los cielos sobre vosotros la lluvia, y la tierra detuvo sus frutos. Y llamé la sequía sobre esta tierra, y sobre los montes, sobre el trigo, sobre el vino, sobre el aceite, sobre todo lo que la tierra produce, sobre los hombres y sobre las bestias, y sobre todo trabajo de manos».

El texto es claro: la frialdad espiritual trajo consecuencias sobre toda la vida de aquellos que se preocuparon por lo material antes que por edificar el templo de Dios.

Las preguntas serían estas: ¿Es el Señor tu máximo interés? ¿Es Jesús el Señor de toda las áreas de tu vida?, ¿Qué cosas te faltan todavía por entregarle? ¿Quiénes son las personas y las cosas que más amás en tu vida? ¿Qué lugar ocupa Cristo con respecto a esta? ¿Está el Señor por sobre tu tiempo, gustos, trabajo, etc.?

Dice Proverbios 8:17-21:

«Yo amo a los que me aman, y me hallan los que temprano me buscan. Las riquezas y la honra están conmigo; riquezas duraderas, y justicia. Mejor es mi fruto que el oro, y que el oro refinado; y mi rédito mejor que la plata escogida.

Por vereda de justicia guiaré, por en medio de sendas de juicio, para hacer que los que me aman tengan su heredad, y que yo llene sus tesoros».

Si no tenemos la prioridad correcta, todo se derrumbará. El Señor debe ser lo primero en nuestra vida, no solo en teoría, sino en la práctica también.

Nuestra confianza está en Cristo, y no en nuestras riquezas (Proverbios 11:28). Las mejores riquezas no tienen comparación con Cristo, ni jamás son fuente de fe para los creyentes.

Proverbios 15:16 dice:

«Mejor es lo poco en el temor de Jehová, que el gran tesoro donde hay turbación».

Mateo 6:33:

«Mas buscad primeramente el reino de Dios y su justicia, y todas estas cosas serán añadidas».

Esto es: buscar primero su reino, buscar al Rey del reino. Significa que el Señor ocupe el primer lugar, no en teoría, sino en la práctica; es dejar de ponerle límites a Dios; es hacerle

Señor de todo lo que poseemos, así como de cuanto lleguemos a poseer. Entonces, se cumplirá Proverbios 8:20,21:

«Por vereda de justicia guiaré, por en medio de sendas de juicio, para hacer que los que me aman tengan su heredad, y que yo llene sus tesoros».

Él desea bendecirnos en todo (3 Juan 2) pero él debe ser el Señor por sobre todo. Véase también: Mateo 6:25-32; Lucas 18-25; Colosenses 3:17.

2. DEBEMOS HONRAR A DIOS CON TODO NUESTROS BIENES

LAS LEYES DE LA SIEMBRA

1. Siembra semillas y prosperarás.
2. Espera (Gálatas 6:6-9).
3. Cosecharás lo mismo que siembras.
4. Planta en suelo bueno.
5. No mires alrededor.

Has a Dios el dueño de todos tus bienes: pon tu auto a disposición del reino, tu casa como hogar templo, y si fuese necesario, tu ropa; TODO, TODO, TODO, a disposición del reino.

Dios bendice a aquel que, luego, va a ser de bendición para otros, y a quien sea buen administrador de lo que posee.

Proverbios 3:9-10 dice:

«Honra a Jehová con tus bienes, y con las primicias de todos tus frutos; y serán llenos tus graneros con abundancia, y tus lagares rebosarán de mosto».

Dios llenará a estos buenos administradores. Esto se refiere a saber administrar, es decir, no solo cuidar, sino reinvertir en el reino lo que Dios te ha confiado.

Dios no admite competidores, no puede dar riquezas a quienes las pondrán al mismo nivel que al Señor. Por eso dijo Jesús que no se puede servir a dos señores.

Debemos reconocer que TODO es de Dios (Salmo 24:1) y nosotros somos administradores de lo que Dios nos ha dado. La mala administración hace que, en vez de bendición venga maldición sobre lo que Dios nos ha confiado. Si no sabemos administrar con fidelidad lo que Dios nos ha dado, ¿cómo podrá darnos más? Solo nos dará más si somos buenos administradores.

Ocurre igual con el poder espiritual: Dios nos lo da en la medida en que sabemos administrarlo, si no, este nos destruye. Cuando él nos da, la persona siempre se siente con gozo y con paz.
Proverbios 10:22 dice: «La bendición de Jehová es la que enriquece, y no añade tristeza con ella.

Dios nos pide, para darnos más. Cada vez que damos, no le estamos dando dinero a él sino a nosotros mismos, porque adquirir ese dinero costó inversión por parte de nuestra vida. El dinero que cobramos representa algo que nosotros dimos; tiempo, esfuerzo, etc., por eso, en última instancia no damos dinero sino algo de nosotros.

El no dar es una forma de avaricia, de miseria, el miserable no es el que no tiene, sino el que tiene y no puede dar.

3. SER FIEL CUMPLIDOR DE LA PALABRA DE DIOS

Para prosperar es necesario meditar y vivir los principios de Dios.

Josué 1:8 dice:

>«Nunca se apartará de tu boca este libro de
la ley, sino que de día y de noche meditarás en
él, para que guardes y hagas conforme a todo
lo que en él está escrito; porque entonces
harás prosperar tu camino, y todo te saldrá
bien».

Es la palabra que nos da la inteligencia para poder administrar y progresar (Proverbios 3:13,16). El temor a su Palabra nos
dará riquezas, dice Proverbios 22:4:

>«Riquezas, honra y vida son la remuneración
de la humildad y del temor de Jehová».

Cuando morimos a nosotros mismos, la palabra comienza a
germinar, a dar fruto, a ser parte de nuestro ser, a resucitarnos.

4. DAR EN ABUNDANCIA

Así lo hicieron los creyentes que entendieron que parte de
lo dado por Dios era para volverlo a dar (2 Corintios 9:2; 8:
1-4,12-15). Esto es el principio de la siembra y de la siega. Dice
Lucas 6:38:

>«Dad, y se os dará; medida buena, apretada,
remecida y rebosando darán en vuestro rega-
zo; porque con la misma medida con que
medís, os volverán a medir».

Cuánto más damos, más recibimos. Dar es invertir en el
reino. Nosotros damos con pala y Dios nos da con pala también; la única diferencia es que su pala es mucho más grande
que la nuestra. Dar es importante para Dios (Proverbios
11:24,25;22:16,etc.).

Es interesante notar que, cuando diezmamos, el mismo
Señor se encarga de echar al devorador, al diablo, que está
interesado en traer miseria sobre nuestra vida.

Dice Malaquías 3:10-12:

«Traed todos los diezmos al alfolí y haya alimento en mi casa; y probadme ahora en esto, dice Jehová de los ejércitos, si no os abriré las ventanas de los cielos, y derramaré sobre vosotros bendiciones hasta que sobreabunde. Reprenderé también por vosotros al devorador, y no os destruirá el fruto de la tierra, ni vuestra vid en el campo será estéril, dice Jehová de los ejércitos. Y todas las naciones os dirán bienaventurados; porque seréis tierra deseable, dice Jehová de los ejércitos».

Nosotros damos, y esperamos recibir de Dios. No como un trueque, sino como promesa, como acto de fe. Sembramos y cosechamos (2 Corintios 9:6,8). No hay ganancia si no hay inversión; no podemos cosechar si la semilla no cae en tierra, si nos comemos la semilla, esta no germina. Cosechamos de acuerdo con lo que esperamos cosechar, o sea, algo de la misma naturaleza de lo sembrado. Cosecharemos en la cantidad que sembremos. Esperemos el tiempo para cosechar.

Muchas veces hemos dicho que Dios supliría, pero esta promesa está ligada a aquellos que dan (Filipenses 4:17-19; 2 Corintios 9:6,10,11). Invertir en el reino de Dios es lo más emocionante que podemos hacer, financieramente hablando. De lo contrario, todo se pierde. Mejor es dar que recibir (Hechos 20:35) si no, todo se disipa, vuela (Hageo 1:4,6,9,10).

Jesús les dijo a los que dejaron todo por él, que recibirían ¡cien veces más! (Lucas 18:28-30).

Debemos:
• *Dar el diezmo*
Si una persona no diezma, cierra el cielo sobre su cabeza. Muchos diezman al estilo «pagar impuestos»; otros, como «propina de mozo«; otros, con un criterio comercial: «Yo te di;

ahora, dame el doble»; y otros lo hacen de todo corazón porque aman a Dios (Hebreos 7:8).

Dice Malaquías 3:10,11:

> «Traed todos los diezmos al alfolí y haya alimento en mi casa; y probadme ahora en esto, dice Jehová de los ejércitos, si no os abriré las ventanas de los cielos, y derramaré sobre vosotros bendición hasta que sobreabunde. Reprenderé también por vosotros al devorador, y no os destruirá el fruto de la tierra ni vuestra vid en el campo será estéril, dice Jehová de los ejércitos».

Esto quiere decir que esta actitud de adoración nos abrirá las ventanas de los cielos y las opresiones demoníacas de miseria y pobreza serán cortadas por el mismo Dios. Si no lo hacemos, traemos sobre nosotros, por nuestra mezquindad, maldición y atadura sobre nuestras finanzas (Malaquías 3:9; Levítico 27:30).

En una oportunidad se acercó un hermano recién convertido a su pastor para preguntarle:

—Pastor, dígame ahora que acepté a Cristo, ¿cuánto debo dar a la iglesia?

—Bueno hermano, eso es algo que cada uno debe establecer —le contestó el pastor.

—Sí, pero cuánto más o menos —volvió a decir el hermano.

—Bueno, aquí no nos gusta andar vigilando las ofrendas.

—Bárbaro, pero dígame más o menos cuánto se acostumbra a dar.

—Sí... lo que pasa es que no deseo presionarte, es algo voluntario.

—Ya lo sé pastor, pero dígame más o menos cuánto.

—Aquí damos el diezmo.

—¿Qué? ¿El diez por ciento de mis ingresos?

—Bueno, hermano, era lo que le quería aclarar, eso es voluntario.

—Pero usted me dijo el diez por ciento.

—Sí, pero eso es cada uno con Dios.

—El diez por ciento.

—Sí hermano, piénselo y fíjese.

—Pero pastor, yo no voy a dar el diez por ciento.

—Bueno, hermano, mi idea era decirle algo aproximado, no se sienta mal, dé lo que pueda.

—Pastor, cuando estaba en el mundo le daba al diablo el 80% de mis ingresos en bebidas, mujeres, placeres y ahora que conozco al Señor de los señores ¿usted piensa que le voy a dar el 10% solamente?

• Dar a los necesitados

Dar a los hermanos necesitados (Romanos 12:13), a los pobres (Proverbios 14:21; 19:17; 22:9; 28:7; Hechos 10:1,2), ya que, al dar, recibimos (Lucas 6:38; Proverbios 11:24,25; Mateo 23:23).

Cuando damos es necesario esperar recibir de Dios; no dar «para» recibir, sino esperar la cosecha que Dios tiene para nuestra vida. También debemos remarcar el principio número uno: Dios espera más que el diezmo, Dios espera lo primero y lo mejor de nosotros.

• Dar con sufrimiento

Cuando damos y nos duele, nos estamos desprendiendo de algo muy valioso para nosotros, allí se produce una liberación espiritual, podemos no depender de algo, podemos desprendernos y quitar el afecto sobre eso y dárselo al Señor. Estamos diciendo, el Señor es más valioso ahora que esto que tenía.

La ofrenda es como una semilla que tenemos, que damos a Dios para que él la multiplique en su reino para bendición de otros y nuestra.

Sucede muy a menudo, que, cuando damos no esperamos

recibir de Dios. Cuando oramos para orar por alguna enfermedad esperamos con fe que Dios haga algo. Cuando ofrendamos muchas veces ¡no esperamos nada! Debemos enseñar al pueblo que al dar pida a Dios concretamente, la cosecha que necesita y que espere en fe recibirla.

• *Vivir por fe*

Debemos saber que el hombre de fe vive una vida de sorpresas que Dios le tiene reservada, uno salta de asombro en asombro al ver la fidelidad de Dios hacia nuestras necesidades.

A veces pensamos que el vivir por fe es para los misioneros perdidos en algún punto del mundo, o para los que «no tienen trabajo o dinero» y entonces deben vivir por fe. Pero, ¡la vida de fe es para todos!, sin importar nuestra condición, todos estamos llamados a honrar a Dios y a agradarle mediante nuestra fe.

Soren Kierkegaard, el famoso filósofo cristiano hablaba de que la fe es un «salto ciego», pero nosotros, por la Palabra, sabemos que la fe no es ni un salto, ni es ciego, sino que es «caminar en la luz», «creer que lo que Dios nos prometió, nos lo dará». Es una convicción que no miente y que la Palabra se cumplirá proféticamente en nuestra vidas hoy, sin importar la situación o dificultad que estemos viviendo.

• *Dios obra de manera creativa*

Nunca nos da el mismo milagro ni los provee de la misma manera, él es creativo y asombroso.

• *Dios nos pide obediencia*

Muchas veces se nos ordena hacer cosas que no «sentimos» o no «entendemos», pero que Dios nos pide en su Palabra. Se espera obediencia.

• Pedro le dijo a Jesús, «maestro nada hemos pescado, pero en tu nombré echaré la red».

• Jesús mandó a Naamán a bañarse en el sucio río antes de ver el milagro.

• Los muros de Jericó cayeron pero, después que el pueblo dio vueltas a su alrededor y gritó su fe.

• Jesús mandó a Pedro a pescar para sacar del vientre de un pez una moneda.

• Jesús manda al ciego a lavarse en el estanque de Siloé antes que fuera sanado.

Me gusta lo que dice Loren Cunningham, director de JuCum: «Dios nos pide cosas que nosotros no podemos terminar sin su ayuda».

Cuando Dios nos da en abundancia es porque esa «sobra» tiene un propósito que debemos ver con los ojos espirituales.

ALGUNAS PALABRAS SOBRE LA ADMINISTRACIÓN EFICAZ

Necesitamos recuperar la administración, no solo de nuestros bienes económicos, sino de todo lo que tenemos de parte de Dios, si queremos ser libres de las ataduras.

La parábola de los talentos nos habla de gente que supo negociar, es decir, administrar lo que su amo les había dado (Mateo 25:14-30). Se trata de saber invertir con sabiduría lo que Dios nos ha dado. Cuando Dios no da, espera que seamos buenos en multiplicar lo que nos ha dado. Hombres como Daniel fueron fieles en administrar lo mucho (Daniel 6:3,4), y él mismo prosperó.

Algo similar sucedió a José al ser supervisor de la casa de Potifar (Génesis 37).

Todos estos casos los hemos analizado en nuestro otro libro «Sanidad interior para la iglesia de hoy» (Ed. Clíe). Cada matrimonio y cada cristiano debe evaluar sus ingresos y, sobre esa base, moverse; no sea que entren en una meta ajena a sus posibilidades y esto traiga otras ataduras (Lucas 14:28-30).

Después de ministrar en libertad financiera, hemos comprobado que lo más difícil es hacer de la buena administración un estilo de vida, y esto lleva tiempo. Vimos hombres y mujeres de Dios ser bendecidos por él, pero caer de nuevo en sus viejas pautas de administración y volver a caer en la miseria y en ataduras.

Aprender lleva tiempo, y hay que pagar el precio, pero vale la pena.

Algo que enfatizamos mucho es la disposición para no entrar en deudas: Hay cuatro causas de endeudamiento.

a. Deudas por necesidades básicas: las producidas por elementos primarios que no se pueden eludir como, el alquiler, abrigo, alimento, etc. Son causadas por cosas fundamentales, no por gustos. Para distinguir unas de los otras, nos podemos preguntar: ¿Necesito esto para poder vivir? Si la respuesta es no, se trata de algo secundario.

b. Deudas de emergencias: las que son debido a situaciones que surgen sin esperarlas como son los accidentes, robos, problemas de salud, etc. El ahorro es, precisamente para estas situaciones.

Los dos primeros tipos de deudas no son pecado. Los dos siguientes son indicios de una mala administración.

c. Deudas por cosas secundarias: estas son producidas cuando no se han cubierto las necesidades primarias y se utiliza el dinero para las secundarias, o cuando no se tiene dinero para las secundarias (porque se ha gastado todo en las primarias) pero, igual se satisfacen pidiendo préstamos, créditos o con tarjetas.

Hemos visto hermanos con ataduras económicas por tener

solamente para lo primario y contraer deudas por cumpleaños, fiestas de quince años, bodas, y aparentar cierta posición pagando comidas, teléfonos celulares, comodidades, etc.

Recordemos que las deudas llaman a más deudas y más esclavitud: nos metemos en ellas, no las pagamos, y estas nos llevan, por interés, a tener más.

No vale la pena ser esclavo por cosas secundarias.

Otras situaciones para estar atentos:
• Gastos por tarjetas de crédito por mes: decimos, total, son veinte dólares más, y así se comienzan a sumar y sumar.
• Gastos por las fiestas y cumpleaños.
• Gastos en elementos innecesarios.

d. Deudas por pecado: vicios (como el juego, alcohol), por robos, coimas y todo lo nombrado anteriormente (en el primer piso).

Lo que debemos hacer para liberarnos de las deudas

Antes de hablar sobre el tema: Cómo hago para salir de las deudas, debo pensar si las deudas que tengo en este momento son circunstanciales, o si las he tenido siempre. Si vivo con deudas. Si mi vida ha transcurrido siempre envuelta en deudas y más deudas.

En primer lugar tengo que analizar mi vida y ver si estoy lleno de deudas.

Qué hizo que esté endeudado.

Cómo llegué a estas deudas (diferente motivos).

Gastos realizados en compras de cosas secundarias, vacaciones, fiestas, viajes, etc.

Si estoy rodeado de deudas, es probable que tenga alguna atadura en una de estas áreas.

Siempre que tengas que pagar una deuda recurre a Dios y no a un prestamista.

SANIDAD EN LAS FINANZAS

Un prestamista no saca de la deuda, te endeuda más. Para mucha gente el dinero es un problema, hay hilos detrás de la administración que cada uno de nosotros tenemos del dinero.

Capítulo 5

El pacto de fidelidad
(cuarto piso)

1. HACER UN PACTO CON DIOS

Me comprometo, a partir de ahora a:

1. Cumplir con las cuatro llaves de mi vida:
   a. Amar a Dios por sobre todas las cosas.
   b. Honrar a Dios con mis bienes y dinero.
   c. Ser un fiel cumplidor de la Palabra de Dios.
   d. Dar en abundancia.

2. Hacer como parte de mi estilo de vida los siguientes hábitos administrativos, y ser un fiel administrador.
   a. Hacer el presupuesto junto con mi esposo o esposa, y decidir juntos los gastos.
   b. No gastar más dinero del que tengo como «ingresos».
   c. No contraer deudas por cosas secundarias.

Debemos separar las necesidades de los deseos. Las primeras tienen que ver con lo básico y prioritario. Dios nos ha prometido que estas las suplirá él. (Ejemplo: Alimentos, ropa, alquiler, etc.).

No gastemos jamás en cosas secundarias: vacaciones, ropa de lujo, aparatos eléctricos que no son imprescindibles, etc. Solo compremos si ya hemos pagado todo lo primario y nos sobra dinero para ello.

Debemos recordar que un cristiano no debe contraer deudas por cosas secundarios. No seamos esclavos por ellas. Si no las podemos comprar, esperemos el momento para hacerlo. NO pidamos préstamos.

3. Si nos piden dinero para cosas secundarias, debemos decir: NO
No le demos a otro si es para cosas secundarias, ya que lo ayudaremos a que sea nuestro esclavo. Digámosle simplemente: No.

Tanto para cosas primarias como para un negocio, hagámoslo todo con papeles y no de palabra, y solo si el que nos pidió da evidencias de ser un buen administrador (de lo contrario quedaremos atados a una deuda).

2. ¿QUÉ DECIR EN LA POSMINISTRACIÓN?

Luego que la persona renunció y hemos reprendido todo espíritu inmundo que estuvo trabajando sobre los pecados y maldiciones; y confesó y decidió ser un buen administrador, le podemos dar algunas de las recomendaciones que enunciamos a continación:

Recuerde que Dios está observando si usted comienza a ser un buen administrador. Inmediatamente.

Dios no le dará «mágicamente abundancia»; usted ya cortó todas las ataduras de su pasado generacional y de su presente. Ahora, solo resta «sembrar» y «esperar pacientemente» la gran cosecha. A medida que Dios ve su fidelidad disfrutará de él.

Si usted ha cumplido con los cuatro pisos y es fiel administrador, y no hay prosperidad, pregúntese, en este orden, lo siguiente:

1. ¿He abierto alguna puerta de mala administración (ler. Piso) sin darme cuenta? (Si la respuesta es negativa, ¿he encontrado la causa?).

2. ¿He violado alguna de las pautas seguidas en el pacto?

3. ¿Estará Dios probando mi fe, por un tiempo en particular, para enseñarme una lección trascendente en esta etapa de mi vida?

4. ¿Estaré bajo un ataque del enemigo, y debo reforzar mi vida de oración y actitud de guerra espiritual?

APÉNDICE PARA PASTORES

Cómo pedir dinero:

He incluido esta sección aquí, especialmente para pastores, porque estoy convencido que muchas iglesias no prosperan porque no motivan bien a sus congregaciones a ofrendar.

Por ejemplo, hemos visto congregaciones que pasan la ofrenda como si nada: «Hermanos vamos a ofrendar», solamente, no hay motivación, no hay palabra de fe, nada. También hemos visto levantar la ofrenda de una manera indebida, pasarla varias veces en una reunión, decir que al que ofrenda por cantidad de dinero el predicador le hará una oración especial, tomarse treinta minutos para pasar la ofrenda generando culpa y temor en quien no ofrende, etc.

Deseo nombrar aquí, algunas maneras de motivar a la gente para ofrendar:

1. Al pasar la ofrenda dedique tiempo y dele importancia a la misma.

No diga «vamos a ofrendar y punto», «si alguien nos visita no se sienta obligado, este es un privilegio que tenemos los cristianos», «hermano dé para el Señor y listo». Dedique tiempo, tenga una breve meditación al respecto dando alguna idea impactante sobre el dar al Señor, motive, aliente, invite a los no cristianos que están en la reunión que se sumen, en este momento de adoración, a dar en abundancia conforme a la prosperidad recibida de Dios.

2. Dé sentido a las ofrendas recibidas.
Es mejor darle sentido concreto a las ofrendas. Por ejemplo, decir cuánto se necesita y a qué se destinará el dinero recaudado. Esto se debe hacer con exactitud y desafío. A la gente le gusta ser desafiada y le gusta cuando su dinero va a parar a cosas concretas.

3. La gente ofrenda a proyectos grandes y ganadores.
Nadie quiere tirar su dinero en pequeñeces, ni en perdedores.
Cuente sus historias, muestre cómo Dios va trabajando en su iglesia.
Piense en grande, su Dios es grande. No tema que nadie se asustará.
La gente no da a instituciones o para mantener estructuras, la gente da cuando el proyecto es para salvar almas.

4. La transparencia y honestidad son clave.
Un pastor deshonesto se capta de inmediato por los hermanos que tienen discernimiento espiritual. Muchos piden para llenar sus bolsillos, etc. Esto se conoce por los diarios cada cierto tiempo aparecen casos así.
Sea bien claro, nunca tenga dinero de la iglesia encima, no administre los cheques o fondos de la iglesia. Determine su destino pero no lo maneje usted.
Cuentas claras, motivaciones claras y transparencia, es el ministerio que Dios bendice y al que los hermanos ofrendan.

1. Sea usted el primero en dar en abundancia.
A muchos pastores se les ha enseñado a pedir, a motivar pero nunca dan.
Cuando dé, dígalo, una cosa es «mostrar las buenas obras» y otra es «lucirse».
Muestre usted lo que da con un sentido de autoridad y de humildad.
La gente cuando ve que el pastor es el primero en dar, sigue su ejemplo, y se despierta el espíritu de dar en la congregación. Muchas iglesias son miserables porque las ofrendas pastorales son miserables.

2. No apele al emocionalismo para que la gente dé. Forme hábitos de vida.
Muchos pastores «internacionales» al pedir o recaudar el dinero de las ofrendas recurren a historias emocionantes y emocionales, la gente da pero cuando termina el congreso o el mensaje no dan nunca más.
Lo que debemos hacer cada vez que pedimos la ofrenda es tomarnos un tiempo para enseñar pautas de administración bíblica, para motivar y para instaurar hábitos permanentes del dar y de la administración bíblica. Así pasará de ofrenda a estilo de vida. Aquí no se busca dinero, sino que este es un medio para que el reino se extienda.

Desarrollo de fondos

Hay fondos en todos lados. Invertir no es lo mismo que dar. Cuando se da no importa a dónde va; cuando se invierte se necesitan resultados. Por lo menos se le debe dar una carta por mes para que siga dando. Durante años no hablamos de esto porque los fondos no eran considerados un tema «espiritual».

1. Todo lo que tengo es de Dios: La gente debe ver que cada cosa que tenemos es del Señor.
2. Debemos ser sinceros en la búsqueda y administración del dinero: No pedimos para ganancias

personales ni para enriquecer nuestro bolsillo, pedimos para extender el reino de Dios.

3. Dios recibe siempre toda la gloria.

4. Mostrar con claridad para qué queremos ese dinero: Un plan claro.

El desarrollo de fondos no es algo secreto o escondido. La gente quiere saber para qué son los fondos. A veces los informes no son lo suficientemente claros. Dan datos y números ficticios. Debemos ser honestos. Delimitar con claridad para qué se utilizó el dinero, en un informe de no más de dos hojas con objetivos y resultados que se puedan comprobar, es decir, que la gente pueda ver los resultados.

Un bosquejo-guía acerca de cómo levantar la historia

¿Estás dispuesto a ser totalmente sincero, contarme todo y renunciar a todo, así como hacer un pacto con Dios de buen administrador?

¿Cómo ha sido el problema económico?

Siempre: _____

Repentino: _____

Cíclico: _____

Por estar bien, pero desear estar mejor: _____

Primer piso: Las ataduras
Con respecto al dinero en sí:
¿Has cobrado de más alguna vez en tu negocio, alquiler, venta, etc.?_____

¿Adquiriste dinero con mentira o robo? _____

¿Compraste cosas de lujo o secundarias, sin tener dinero para las básicas? _____
(Ej.: ¿Te vas de vacaciones cuando debes dinero?, ¿compras ropa cuando no tienes para lo primario?).

¿Se puede confiar en ti? _____
¿Diste o das coimas? _____
¿Las recibiste o recibes? _____

Respecto al trabajo:
¿Trabajas tiempo completo o no?
(Ej.: ¿Llegas tarde, trabajas poco, algo no te gusta del trabajo?, etc.). _____

¿Tomas decisiones importantes en el nivel laboral sin consultar a nadie? _____

¿Eres usurero?_____

¿Trabajas mucho o vives para trabajar? _____

¿Has maldecido tu trabajo, al país, o al Ministro de Economía? _____

Respecto a lo interpersonal:
¿Has maltratado a tus empleados? (Ej.: ¿Le pagaste poco, no le pagaste, los descalificaste?).

¿Estás peleado con alguien? _____

¿Eres envidioso? _____

¿Sueles rechazar o no pedir la ayuda en un momento de necesidad? _____

¿Has comprado «puestos» en la iglesia? _____

¿Eres racista? _____

Un bosquejo-guía acerca de cómo levantar la historia

Con respecto a ti:
¿Tienes ganas de hacerte rico pronto, de hacer negocios «salvadores» o muy arriesgados? _____

¿Guardas pecados sin confesar? (Ej.: ¿Aparentas?, ¿eres orgulloso?, ¿experimentas doble ánimo?, ¿eres avaricioso?, ¿eres codicioso?, ¿eres derrochador?). _____

¿Tienes deudas por cosas secundarias? _____

¿Prometiste a Dios y no cumpliste? _____

¿Tienes miedo a la riqueza o a la pobreza? _____

¿Esperas que Dios te prospere? _____

Segudo piso: El pasado generacional
Preguntamos en qué trabajaban sus abuelos y qué dificultades económicas tenían (pecados financieros, abuelos jugadores, derrochadores, etc.).

Abuelos: _____
_____

Padres: _____
_____

Actitud hacia el dinero: _____
_____
_____

Forma de administrarlo: _____
_____
_____

Mensajes y maldiciones:
Ejemplos:
«Con ese vago con quien te vas a casar no irás a ningún lado».
«Ustedes no van a progresar».
«Esa mujer te va a gastar todo el dinero».
«Con qué se van a mantener».
«Mi hija se casa contigo, pero ¡tienes que tener con qué mantenerla!».

Actitudes hacia el trabajo:
Trabajo inestable: trabajó en diferentes cosas y siempre estuvo cambiando. _____

Trabajo en pecado: pornografía, prostitución, explotación.
Trabajos con maldición: con gente ocultista, con trabajos esotéricos, jefes que robaban, etc.
Poco trabajo. _____
Trabajo nulo. _____

Tercer piso: El presente

1. Amar a Dios sobre todas las cosas.

    _____

2. Honrar a Dios con todos los bienes y dinero.

    _____

3. Ser fiel cumplidor de la Palabra de Dios.

    _____

4. Dar en abundancia.

    _____

Un bosquejo-guía acerca de cómo levantar la historia

Cuarto piso: El pacto

Me comprometo a:
Hacer míos los hábitos de fiel administrador.

_____

Entregar la hoja de hábitos.

_____

Conclusión:

¡Ahora sí, es tiempo de salir a trabajar!

Bibliografía:

C. Coria, *El dinero en la pareja,* CEA, Buenos Aires, 1989

A. Murria, *El dinero*, Clie, Barcelona, 1984.

B. Stamateas, «Aconsejamiento Pastoral», Clie, Barcelona, 1998.

_____«Técnicas de Aconsejamiento Pastoral», Clie, Barcelona, 1998.

_____y D. Bravo, «Sanidad Interior: el modelo de las cuatro puertas»

Editorial Presencia de Dios, Buenos Aires, 1997.

M. Rush, «Administración» Unilit, Miami, 1992.

G. Luna, «Hacia una administración eficaz», Betania, 1985.

L. Cunningham, «Viviendo al borde» JuCum, Chile, 1991.

F. Revilla, «Hacerlo Bien y Hacerlo Saber», Oikos-Tau, Barcelona, 1970.

W. Nielander, «Práctica de las Relaciones Públicas», Hispano Europea, Barcelona, 1980.

Varios «Relaciones Públicas: el departamento de personal», F.G., Madrid, 1991.

J. Yager, «La buena educación en el trabajo», Vergara, Buenos Aires.

EL CASO DE CRISTO

Esta atrayente e impactante obra narra una búsqueda sin
reservas de la verdad acerca de una de las figuras más
apasionantes de la historia.

El veredicto... lo determinará el lector.

EL CASO DE LA FE

Escrito por el autor del éxito de librería *El Caso de Cristo*. La investigación de un periodista acerca de las objeciones más difíciles contra el cristianismo.

El Caso de la Fe es para quienes se sienten atraídos a Jesús, pero que se enfrentan a enormes barreras intelectuales que les impiden el paso a la fe. A los cristianos, este libro les permitirá profundizar sus convicciones y les renovará la seguridad al discutir el cristianismo aun con sus amigos más escépticos.

SANTA BIBLIA NVI

- Claridad para la lectura pública y privada, la memoraización, la predicación y la enseñanza.
- Fidelidad a los textos originales hebreo y griego, de los cuales se hizo directamente la traducción.
- Dignidad y elegancia en lenguaje contemporáneo.

ISBN 0-8297-2988-7

Nos agradaría recibir noticias suyas.
Por favor, envíe sus comentarios sobre este libro
a la dirección que aparece a continuación.
Muchas gracias.

Editorial Vida
7500 NW 25 Street, Suite 239
Miami, Florida 33122

Vidapub.sales@zondervan.com
http.//www.editorialvida.com